Anonymous

Schriften der kurfürstlichen deutschen Gesellschaft in Mannheim

Band 4

Anonymous

Schriften der kurfürstlichen deutschen Gesellschaft in Mannheim
Band 4

ISBN/EAN: 9783743441453

Hergestellt in Europa, USA, Kanada, Australien, Japan

Cover: Foto ©ninafisch / pixelio.de

Weitere Bücher finden Sie auf **www.hansebooks.com**

Schriften

der

Kurfürstlichen

deutschen Gesellschaft

in

Mannheim.

Vierter Band.

Mannheim,
1788.

Vergleichung
der **Vorzüge**
der
deutschen Sprache
mit den Vorzügen
der lateinischen und griechischen.

Eine
von der kurpfälzischen deutschen Gesellschaft
im Jahr 1787
gekrönte Preisschrift
von
J. G. Trendelnburg,
Professor der griechischen und morgenländischen Sprachen in
Danzig.

Sprache ist das Mittel, unsre Vorstellungen, Begriffe und Empfindungen durch vernehmliche Laute andern verständlich zu machen. Da es nun einmal keine allgemeine Sprache giebt, sondern jedes Volk seine Vorstellungen auf seine eigne Weise ausdrückt, so können unmöglich die verschiedenen Mittel, deren man sich zu diesem Endzweck bedient, von gleicher Güte seyn. Jedes Mittel ist um desto vorzüglicher, je kürzer vollkommener und sicherer es seinen Endzweck erreicht. Und eine Sprache erreicht ihren Endzweck, mit einer andern verglichen, kürzer, wenn sie dieselben Begriffe mit einem geringern Aufwand von Wörtern oder Tönen erregt; vollkommener, wenn sie die

Vorstellungen, welche der Redende mit seinen Worten verbindet, gerade so bei dem Zuhörer erweckt; sicherer, wenn sie zugleich angenehm auf das Gehör dessen wirkt, welchem man seine Gedanken entdecken will. Daher sind **Kürze, Klarheit, Wolklang,** die drei Haupteigenschaften, nach welchen sich die Vorzüge einer Sprache beurtheilen lassen. Allein diese beruhen zum Theil auf andern Eigenschaften, der Biegsamkeit, dem Reichthum, der Regelmässigkeit, zum Theil auch auf der wesentlichen Einrichtung der Sprache, so wol des Baues der einzelnen Wörter, als ihrer Verbindung unter einander. Daher wird der erste Theil dieser Abhandlung der Betrachtung jener vorläufigen Eigenschaften und des wesentlichen Unterschiedes gewiedmet seyn, welchen man zwischen der deutschen und der griechischen und lateinischen Sprache bemerket, der zweite sich hingegen mit der Vergleichung dieser Sprachen in Ansehung der

drei

drei Haupteigenschaften beschäftigen. In diesen Abschnitten werden sich die Vorzüge derselben so entwickeln lassen, daß das Resultat sich von selbst ergeben und man leicht entscheiden können wird, zu welchen Gattungen der Schreibart jede Sprache am geschicktesten seyn muß.

Erste Abtheilung.

1. Wesentlicher Unterschied der drei Sprachen in der Bildung einzelner Wörter.

Jede Sprache besteht in ihrem ersten rohesten Zustande aus einzelnen Tönen, Lauen, kleinen einsilbigen Wörtern, welche der Ausdruck der Empfindung sind. Die Laute, welche die innere Empfindung bezeichnen, sind die einfachsten, bloße thierische Schälle und sich fast in allen Sprachen gleich. Ach, Ah, $\tilde{a}$; O! O! $\tilde{o}$; Weh, vae, οὐαὶ und andre mehr haben der Grieche und Römer so wol, als der Deutsche

Deutsche zum Ausdruck ihrer innern Empfindung gebraucht. Auf eine ähnliche Art drückten andre Töne die äussere Empfindung aus. Von Gegenständen, welche deutlich tönten, entlehnte man eben diesen Ton zu ihrer Bezeichnung, wovon in allen Sprachen, bei aller nachherigen Kultur und Veränderung derselben, noch auffallend deutliche Reste sich finden. Der Ochs, die Kuh, welche Buh sagt, hieß dem Griechen βᾶς, dem Römer bos; das Bellen des Hundes, welches wau klang, nannte der Grieche βαύζειν; den Ton des Hühnchens drückte man im lateinischen durch pipire, im Griechischen durch πιππίζειν, im alten deutschen durch pipen aus. Βήκη nannte man die Ziege von dem Ton βῆ. Bläcken, βληχᾶσθαι, balare; γρύζειν, grunzen, grunnire, σίζειν zischen sind sich insgesamt ähnlich, weil

sie

sie von demselben Naturton entlehnt sind. —
Immer tönten aber freilich die den sinnlichen
Menschen umgebenden Gegenstände nicht so
deutlich, sondern fielen ihm bald so, bald anders ins Gehör und so entstanden selbst von
hörbaren, tönenden Gegenständen in den verschiedenen Sprachen verschiedene Benennungen,
welchen man aber, bei ihrer Verschiedenheit,
es doch noch deutlich genug ansieht, daß sie
vom Ton desselben entlehnt sind, wie die Namen des Donners in den verschiedenen Sprachen zeigen. Daß dieß bei Dingen geschah,
wo der Ton, welchen sie von sich gaben oder
welcher sie begleitete, das auffallendste war, ist
uns auch itzt noch sehr einleuchtend. Schwerer ist es schon zu erklären, wie der Mensch
von Dingen, durch welche einer der übrigen
Sinne mehr, als das Gehör, gerührt wurde,
doch den minder auffallenden Laut derselben zu
ihrer Bezeichnung gewählt habe. Allein auch
dieß

dieß wird begreiflich, wenn man erwegt, daß der Mensch einmal durch Töne seine Empfindungen und Vorstellungen deutlich machen und der andre sie durchs Gehör verstehen wollte. Warum sollte er hier einen willkührlichen Laut gewählt haben? Jeder wesentlich oder auch nur zufällig mit dem auszudrückenden Gegenstand verbundene Laut muste ihn auf den bezeichnenden Ton führen und muste auch dem andern, dem er sich entdecken wollte, immer noch verständlicher seyn, als irgend ein willkührlicher mit dem Gegenstand in keiner Verbindung stehender Laut. Das Hörbare an dem Gegenstand, es mochte so wenig seyn, als es wollte, war immer doch ein Grund zur Benennung desselben, da ein willkührlicher Laut gar keinen Grund gehabt hätte. Und ganz ohne Grund zu handeln, ist auch dem rohen Menschen unnatürlich, ist der ganzen menschlichen Natur zuwider. Die Erfahrung zeigt auch die Richtigtigkeit dieses Grundsatzes. Denn je tiefer man in die Natur der Sprachen dringt und ihre Bestandtheile untersucht, je mehr man eine Sprache in ihrem hohen Alterthum kennt, je näher sie noch ihrer ersten natürlichen Einfalt ist, desto mehr Spuren des natürlichen Tons zeigen sich dem aufmerksamen Forscher. So behauptet ein Mann, dessen Stimme in dieser Sache von Gewicht ist, Herr Adelung, daß im deutschen noch itzt von allen einfachen Wörtern ein reichliches Fünftel Nachahmungen natürlicher Schälle sind; daß ein andres Fünftel seine tönende Eigenschaft noch im höchsten Alterthum in den Mundarten und verwandten Sprachen zeige; und daß das dritte Fünftel erweisliche tönende Nachahmung der Natur gewesen, und nur nachher nach einer gewissen Aehnlichkeit auf nicht tönende Gegenstände übertragen sey, wie z. B. Geist vom alten geisten, blasen, wovon fast in allen bekannten

Spra=

Sprachen dieser Begrif seinen Namen entlehnt, Spiritus, πνεῦμα und in allen morgenländischen Sprachen von רוח. Wahrscheinlich hatten also auch die Theile der Sprache, von welchen es sich nicht mehr so deutlich machen läßt, keinen andern Ursprung. — Diese einzelnen einfachen Töne sind also der Grundstoff aller Sprachen, sie sind die Wurzelwörter, welchen alle übrige Ausdrücke ihr Entstehen und Daseyn zu danken haben. Manche derselben sind sich in allen Sprachen gleich; aber in den mehresten ist schon dieser Grundstoff verschieden, theils, weil derselbe Naturlaut, selbst in der Natur schon, sich auf verschiedene Weise äuffert, und daher ein Volk die eine Modifikation des Tons, ein andres die andre wählte und zum Grund der Benennung machte, theils, weil verschiedene Menschen bei dem Bemühen denselben Schall nachzuahmen, doch einen verschiedenen Ton hervorbrachten. Diese einfachen

Laute,

Laute, die erste Bezeichnungen menschlicher Vorstellungen, entdecket uns noch die Silbe, welche die verwandten Wörter einer Sprache gemeinschaftlich haben. So schließen wir, daß in den Wörtern: Unmenschlichkeit, Menschlichkeit, menschlich, das Stammwort Mensch sey; von προσεπεργάζομαι, εὐεργέτης, ἔργον der Wurzellaut εργ, und eben so op von opus, operator, cooperari. Es versteht sich, daß man denn die Veränderungen, welche in jeder Sprache des Wollauts wegen später eingeführt sind, mit in Anschlag bringt. Dadurch wird also die Menge von Wörtern, welche izt so verschiedene Begriffe bezeichnen, auf wenige Naturlaute zurückgeführt. Und es ist begreiflich, daß der Vorrath von Zeichen, die von Tönen entlehnt waren, nicht sehr gros gewesen seyn kann. Adelung nimmt im Deutschen nur 600 wahre Wurzelwörter an, und die Zahl derselben muß sich in allen Sprachen ziemlich

gleich

gleich ſeyn, weil die merklich unterſchiedenen
Naturtöne nur eingeſchränkt ſind. *)   Aber
schon

*) Eines Irrthums kann ich mich nicht entbrechen
hier zu erwähnen. Man glaubt gemeiniglich,
daß die morgenländiſchen Sprachen einen auſſer-
ordentlichen Reichthum an Wurzelwörtern vor
allen übrigen Sprachen beſitzen. Hiezu wird
man wahrſcheinlich durch den Namen Radix ver-
leitet, welchen man den Verbis giebt. Dieſe
Radix iſt freilich wol das Stammwort von vielen
andern Verbis und Nominibus, aber nicht das
Wurzelwort ſelbſt, ſondern ſelbſt ſchon ein völlig
ausgebildetes Wort. Die Keime zu dieſen ſind eben ſo
gut, als in andern Sprachen, einſilbige Wörter,
welche ſich oft deutlich zeigen, aber in den mehreſten
Fällen noch nicht deutlich genug entwickelt ſind; wozu
indeſſen noch der unlängſt verſtorbene berühmte
ſchwediſche Orientaliſt, Aurivillius, Fingerzeige
gegeben hat. Es ſcheint, man hat dem hebräiſchen auf der einen Seite geben wollen, was
man ihm auf der andern nahm. Denn bekanntlich ſteht es in dem Ruf einer ſehr armen
Sprache. Dieß Urtheil ſcheint zum Theil der
unbequeme Ausdruck, Conjugation, veranlaſſet zu
haben, welchen man den verſchiedenen Formen

B

schon hier beim ersten Anfang trennen sich die
beiden ältern Sprachen vom Deutschen. In
diesem kennt man kein Wort, dessen Grundstoff nicht aus Consonanten bestehen sollte.
Im lateinischen und griechischen hingegen machen diese nicht immer den Wurzellaut des
Worts aus, sondern auch Vocale. Denn es
giebt Wörter welche ganz aus Vocalen bestehen,
z. B. eo und vom Pronomine is, ea, ei,
εἰ, ἀω, ἐάω ἰαύω, ἰάομαι u. a. m. Dieß
macht also schon den ersten wesentlichen Unterschied zwischen dem deutschen und jenen ältern
Sprachen

men der Verborum giebt. So rechnet man
הִתְקוֹמֵם, קוֹמֵם, קַיָּם, הֵקִים alle
zur Conjugation des Verbi קוּם, da es doch
gewiß eben so gut abgeleitete Verba sind, als
wir im deutschen säugen von saugen, schwemmen von schwimmen und im lateinischen videre
und visitare von videre ableiten und für ganz (der
Bedeutung nach) von einander verschiedene Verba
halten. Doch ist dieß nicht der einzige Fall,
wo eine falsche Benennung auf Irrthümer führt.

Sprachen aus. . . Diese wenigen Töne sind es also, aus welchen jede Sprache sich ihren Reichthum von Wörtern schaffet, eine Quelle welche bei ihrem Anfang nur schmal und seicht fliesset, aber bei ihrem Fortgang wächst, und sich endlich als ein grosser, fruchtbarer Strom ergießt. Der erste natürliche Weg, diese wenigen Wurzelwörter zu vermehren, war, ihnen entweder vorn oder hinten oder an beiden Stellen zugleich, einen Cosonanten zuzusezen, wie Blut, Brust, $\varphi\rho\dot\eta\nu$, $\lambda\upsilon\gamma\xi$, crux, grex. Nur im Griechischen giebt es dergleichen Wörter nicht viele, weil die Häufung von Consonanten, besonders am Ende der Wörter, dem Gehör der Griechen zuwider war. Bloß das σ findet man den Wurzelwörtern angehängt. Oft ließ sich dann der vorhergehende Buchstabe mit demselben in einen Doppelbuchstaben vereinigen, wie in $\alpha\grave\iota\xi$ für $\alpha\grave\iota\gamma\varsigma$, $\overset{\text{v}}{A}\rho\alpha\psi$ für $\overset{\text{v}}{A}\rho\alpha\beta\varsigma$ u. d. m. Vertrug sich aber der vorhergehende Consonant nicht mit dem σ, so muſte er oft weichen, wie man mit Gewißheit aus den Wörtern ſieht, deren alte Form noch übrig geblieben iſt, und wie auch der Genitiv aus=weiſet. Aus ῥὶν ward ῥὶς, aus ἑρμὶν ἑρμὶς für ῥὶνς ἑρμὶνς, (Genit. ῥινός, ἑρμῖνος), aus γλωχὶν, γλωχὶς wie noch die Form τριγλωχιν zeigt, μέλας für μελανς; denn es hat im Neutro μέλαν und im Genit. μέ-λανος. Daß ſie für ενς - εις und für ονς - ους ſetzten gehört auch hieher. *) Aber auch vorn

hatte

*) Eben ſo gieng es dem δ, τ, ϑ, wenn es vor dem σ zu ſtehen kam, welches in den übrigen Caſibus wieder ſichtbar wird, wie im ςαὶς, κόρυϑς, χλαμὺς welche eigentlich ςαὶτς, κόρυςς, χλαμὺδς hätten heiſſen müſſen. Aber der harte, unſerm deutſchen Z ähnliche Ton, welchen dann dieſe Wörter gehabt hätten, war

hatte es die Häufung der Consonanten nicht gern und man fieng daher bald an, Vokale zwischen einzuschieben, so daß der einsilbigen mit Consonanten angehäuften Wörter nur wenige übrig blieben. Dieß liesse sich an vielen Wörtern zeigen, wenn es hier der Ort wäre, die erste Entwickelung der griechischen Wörter vollständig aus einander zu sezen. Ein Paar

Bei-

war griechischen Ohren unausstehlich. — Aber warum hatten sie denn nöthig hier ein σ anzuhängen? Konnten sie die Wörter nicht $\beta\eta\chi$, $\alpha\iota\gamma$, $\alpha\lambda\omega\pi\eta\kappa$, $\kappa\alpha\tau$, $\eta\lambda\iota\phi$, $\phi\lambda\epsilon\beta$, $\gamma\upsilon\pi$, $\varsigma\alpha\iota\tau$, $\kappa\sigma\rho\upsilon\vartheta$, $\chi\lambda\alpha\mu\upsilon\delta$ lauten lassen? So wäre ja der Ursprung des Worts viel deutlicher geblieben. — Hier zwang sie wieder eine andre Analogie. Denn alle ächt-griechische Wörter (wenn man $\dot\epsilon\kappa$ und $\overset{,}{\upsilon}\kappa$ ausnimmt) endigen sich auf Vocale oder auf ν, ρ, σ. Wollte man also diesen Wörtern nicht das fremde, ausländische Ansehen lassen, so mußte man einen von diesen Buchstaben am Ende anhängen. Und hiezu wählten sie das σ.

Beispiele mögen meine Meinung deutlicher machen. Niemand zweifelt wol, daß nicht γάλα oder mit der alten Endung γαλάξ, Gen. γάλακτος dasselbe Wort mit dem Lateinischen lac. lactis, sey. Lac oder λαx war also das Wurzelwort, dem nach griechischer Weise das σ hinzugesezt wurde, λαξ. Darauf scheint man zuerst γλάξ gesagt zu haben, welches die Wörter ἐυγλαγὴς, περιγλαγὴς, noch beweisen; und dann erst trennte man das zu hart klingende γλ und sprach γάλαξ. Auf gleiche Weise heißt das lat. glos im Griechischen γάλως und anfangs wahrscheinlich eben so γλὼς. Eben so ist von γνῶμ, γινώσκω, γιγνώσκω, vielleicht als Wurzelwort νό anzunehmen, und mit der Endung des Verbi νόω, welches sich noch in dem lat. novi, nosse zeigt,

zeigt, zu welchem man nachher das γ sezte γνόω - und so ist selbst dieß Wurzelwort, wie die Bedeutung zeigt, mit νοος oder νꝗς, der Theil mit welchem man etwas erkennt und mit ὄνομα, das Zeichen, woran man jemanden erkennt, verwandt. Denn das ο gehört nicht zur Wurzel, wenn auch die Römer nomen sagen, und es gewiß ist, daß die Griechen den Wörtern Vokale vorsetzen, z. B. ὀδούς für δούς oder δὸνς, lat. dens, welches leztere nur der Wolflang nicht verstattete. *) Besonders sezte

*) Man sprach nicht gern das ν vor einem σ aus, sondern ließ es lieber weg. Dann verlängerte man aber auch zugleich den vorhergehenden kurzen Vokal, indem man durch Hinzusetzung eines andern Vokals einen Diphthongen bildete. Daher wird ε dann ει, und aus ο ein ου. Τυπεὶς, τυπεῖσα sollte eigentlich τυπένς, τυπένσα, εἰς

sezte man Vokale voran, wenn sich ein Wort mit einer liquida anfieng. So sagte man für ἀμείρω in ältern Zeiten μείρω, für ἀλαπγαζω- λαπάζω, für ἐλαχὺς - λαχυς *). Im Ganzen giengen höchstwahrscheinlich alle Sprachen bei ihrer ersten Bildung diesen Gang. Aber auch hier bemerkt man einigen Unterschied zwischen

εἰς eigentlich ἐυς heissen, wie man aus den Neutris τυπὲν, ἐν siehet. Eben so sagt man für διδὸυς, διδόνσα, - διδὖς, διδὖσα, und im Dativ des Pluralis für διδόνσι, τύπτονσι - διδὖσι, τύπ]ὖσι.

*) Gewiß ist noch in manchen Wörtern der Vocal, mit welchem sie sich anfangen, nicht zum Wurwort zu rechnen, z. B. in ὁράω ist vielleicht ρα nur das Wurzellaut, ω die Endung des verbi, und der Anfangsvocal ὁ blos dieses Wolklanges wegen vorgesezt. Denn in allen morgenländischen Sprachen heißt רָאָה sehen,

schen dem deutschen und den beiden ältern Sprachen. Das Lateinische und besonders das Griechische behielten ihre ursprünglichen, einsilbigen Wörter nicht lange, sondern bildeten sie durch eingeschobene oder vorn und hinten angehängte Vocale weiter aus. Dafür hat es auch schon frühe den Ruhm des Wolklanges. Das Deutsche hat seine ersten Wurzelwörter häufig unverändert behalten, selbst bei der spätern Bildung durch Ableitung. Daher klingt es wegen der vielen einsilbigen, mit Consonanten überhäuften Wörter, wie Krampf, Brust, Kranz, wol rauher, hat aber dabei den Vorzug, daß der Bau seiner Wörter viel deutlicher in die Augen fällt, indem selbst der Ton auf die Wurzelsilbe aufmerksam macht. Der Bau der griechischen Wörter wurde nicht nur durch das beständige Einschieben von Vocalen sehr verdunkelt, sondern auch durch die entgegengesetzte Art von Veränderung, durch

B 5 das

das Einschieben von Consonanten, welches die Wurzelwörter, die aus Vokalen bestanden, verlangten, dergleichen die deutsche Sprache kein einziges aufzuweisen hat. Wurden diese Wörter nachher weiter ausgebildet, so entstand durch die Ableitungssilben, und durch den noch dazu gesetzten Endungsvokal eine ausserordentliche Häufung von Vokalen. Dieß mußte die Sprache nothwendig weich und weibisch machen. Daher suchte man bei der weitern Bildung der Sprache, diesen Fehler zu verbessern, indem man Consonanten einrückte, und auch bieß verdunkelte den Bau der Wörter, so machte man aus $\varphi\vartheta i\omega$, $\varphi\vartheta \acute{\alpha}\omega$, $\varphi \acute{\alpha}\omega$, $\varphi\vartheta \acute{\iota}\nu\omega$, $\varphi\vartheta \acute{\alpha}\nu\omega$, $\varphi \acute{\alpha}\sigma\varkappa\omega$, $\varphi\eta\mu \acute{\iota}$.

Ausser diesem sind die vorzüglichsten Mittel, durch welche die Sprachen aus innerer Kraft sich Ausdrücke schaffen, die Ableitung und die Zusammensezung. Durch jene werden

mit

mit dem Wort vermittelſt kleiner beſtimmter Veränderungen deſſelben gewiſſe Nebenbegriffe verbunden; durch dieſe werden die Ausdrücke zweier Begriffe in einen zuſammengeſchmolzen. Auf die gröſſere oder geringere Fähigkeit, durch dieſe Mittel ſich Ausdrücke zu bilden kömmt bei der Beurtheilung verſchiedener Sprachen gar vieles an. Denn davon hängt der wichtigſte Theil des Reichthums der Sprache ab. Daher glaube ich die Betrachtung dieſer drei Stücke, welche weſentlich zuſammenhängen, nemlich, den Unterſchied der 3 Sprachen in Anſehung des Baues ihrer abgeleiteten und zuſammengeſezten Wörter, — ihre Fähigkeit dergleichen Wörter zu bilden, — und den wirklichen Reichthum, der ihnen dadurch zuwächſt, der Kürze wegen mit einander verbinden zu dürfen. *)

Bei

---

*) Freilich giebt es noch mehrere Mittel, deren ſich ein Volk bedient ſeine neuen Begriffe auszudrücken

Bei der Betrachtung der Wörter durch Ableitung kommt es theils auf die Quellen an,

den 1) die Metapher, 2) Aufnahme fremder Wörter, oder 3) Uebersetzung derselben. — Das erste, vermöge dessen einem schon gebräuchlichen Wort eine neue Bedeutung gegeben wird, ist zur Bereicherung der Sprache nicht bloß untauglich, sondern auch, zu häufig angewandt, ihr offenbar nachtheilig. Es ist im Grunde ein Fehler einer Sprache, aber ein Fehler, welchen alle Sprachen gemeinschaftlich haben, der auch geduldet werden muß und unschädlich wird, wenn die Begriffe welche ein Wort bezeichnet, nur nicht zu nahe an einander grenzen. Es kömmt also auch hier, wo wir auf den äussern Unterschied der Wörter, auf die Quellen der Sprachbereicherung sehen, in gar keine Betrachtung. — Die beiden andern Mitteln sind auch an Werth mit der Ableitung und Zusammensetzung nicht zu vergleichen. Denn bei der Aufnahme eines fremden Worts geht, ausser der Verringerung der Sprachreinigkeit, theils die Etymologie als ein grosses Hülfsmittel fürs Gedächtnis und für den Verstand verloren, theils giebt es immer, wenn es nicht der Name eines sinnlichen Gegenstandes ist, nur einen sehr dunkeln

an, aus welchen eine Sprache schöpft, oder auf die Redetheile, von welchen sie ihre Wörter ablei-

tein Begriff, und erfüllt also seine Absicht nicht gehörig. Es kömmt erst spät und selten allgemein unter dem Volk im Umlauf, oder wenn es geschieht, steht es einsam und traurig da, gleich einem Baum der aus seinem väterlichen Boden in ein fremdes Erdreich verpflanzt ist. Man braucht es selten zur Zusammensetzung, selten zur Ableitung, eben weil der Begriff, welchen es erweckt, zu dunkel ist, als daß er einladen sollte, andre eben so dunkle Wörter nach demselben zu bilden, oder weil man dem Fremdling die Nationaltracht nicht anpassen kann. — Auch das zweite Mittel, Uebersetzung fremder Wörter hat alle Unbequemlichkeiten mit dem vorigen gemein, nur nicht in so hohem Grad und nicht so ausdaurend. Denn selten wird ein Ausdruck aus einer fremden Sprache übersetzt, der gleich beim ersten Anhören einen klaren Begriff erregte, oder wo die Etymologie zur Aufklärung viel beitrüge, oder welches sich schnell ausbreiten und dann durch viele Abkömmlinge sein Andenken erhalten sollte. Indessen vergißt man ihres fremden Ursprungs eher, als bei ganz fremden Wörtern, und man bedient sich ihrer oft zuletzt, wie der wirklich ein-

ableitet, theils auf die Menge von Begriffen, welche sie durch Ableitungssilben mit dem Stammwort verbinden kann.

Wir einheimischen, zur Bildung neuer Ausdrücke. Zu diesem Mittel haben so wol Griechen und Römer in ältern Zeiten, als in neuern die Deutschen ihre Zuflucht genommen. In Ansehung des erstern hingegen sind sich diese drei Völker nicht gleich. Das deutsche nimmt fast nur sich sträubend fremde Wörter auf. Wie viele fremde Ausdrücke schleichen sich nicht oft ein, aber verlieren sich eben so geschwind, als sie erschienen? Wie oft sieht man nicht das fremde Wort gleichsam nach dem Bürgerrecht ringen, und wenn es lange gekämpft hat, und die Sache schon zu seinem Vortheil entschieden scheint, so schließt ein einziges Nie Pozwalam, ein einziges Veto eines edlen Deutschen, der einen vaterländischen Ausdruck an dessen Stelle setzt, den Fremdling auf immer vom Bürgerrecht aus. So gieng es vielen spanischen Wörtern, welche zu den Zeiten Carls des V. in Deutschland gewöhnlich wurden, und so geht es noch täglich mit englischen und französischen, welche deutsche Reisende, die den Reichthum ihrer Muttersprache selten kennen, in Umlauf zu bringen

Wir machen den Anfang mit der Bildung der Nominum, welches die Hauptwörter der Rede sind, obgleich gerade bei diesen sich am

gen suchen. Dieß Sträuben gegen die Aufnahme fremder Wörter erhält auch das Deutsche reiner als andre Sprachen. Das Lateinische hingegen vermischte sich früh mit Oscischen, Samnitischen, Hetruscilchen, Celtischen und schon in den ältesten Zeiten trägt es Spuren des Griechischen an sich. Dieß hatten sie durch die Pelasger, einer rohen griechischen Völkerschaft, welche nach der Ueberschwemmung zu Deucalions Zeiten zum Theil nach Italien zog, erhalten. Dadurch blieb in dem ganzen Bau der beiden Sprachen viel Aehnlichkeit, durch welches das Lateinische auch in spätern Zeiten geschickt wurde, aus dem Griechischen ohne Schüchternheit zu borgen. — Das Griechische erscheint schon in seiner ersten Beschaffenheit als eine sehr vermischte Sprache. Die häufigen Einfälle der Thracier, und von ihnen besonders der Pierier, welche oft bis in das Innerste von Griechenland drangen, Cecrops, Cadmus, Danaus, Pelops, mußten schon früh den damals noch rohen Griechen manche fremde, manche ägyptische und phönizische Wörter mittheilen. Späterhin brachten freilich Krieg und Handel

am schwersten wird entscheiden laßen, welche Sprache den Vorzug vor den andern verdient. In einzelnen Stücken hat jede etwas vorzügliches, so daß die Zunge der Waage schwankt, ohne nach einer Seite entscheidend den Ausschlag zu geben. Jede dieser Sprachen scheint bei Bildung der Substantiven so wol als der Adjectiven zu wetteifern und keiner den Rang zuzustehen. Sie gleichen rüstigen Wettläufern, von welchen bald der eine, bald der andre seinem Nebenbuhler auf der Bahn zum Ziel vorbei-

Handel mit fremden Völkern ausländische Ausdrücke unter sie, wie z. B. die Heerzüge der Celten, von welchen manche noch das Deutsche mit dem Griechischen gemeinschaftlich hat. Aber der Fall war nicht häufig. Beide alte Sprachen bildeten sich nachher schön aus. Aber das Lateinische blieb in einer beständigen Abhängigkeit vom Griechischen, rückte in spätern Zeiten nicht durch eigne Kraft weiter, sondern bildete sich nach dem Muster der Griechischen, und dieß beraubte diese Sprache eines grossen Theils ihrer Originalität.

vorbeieilt, und sich einander schon nahe beim Ziel den Sieg zu entreissen trachten. Aber auch der Anblick eines solchen Kampfs belustigt und erweckt Theilnehmung in der Brust des Zuschauers.

Alle drei Sprachen bedienen sich bloser Wurzelwörter zur Bezeichnung der Substanzen. Darin kommen sie alle überein; Dieß ist der Ort von dem sie auslaufen. Baum, Lied, Dieb, Feld; sol, sal, fel, mel, splen; χήν, μήν, πῦρ, σπλήν sind lauter dergleichen Wörter. Zu diesen kann man mit Recht auch diejenigen zählen, welche bloß des Wollauts wegen Buchstaben angenommen haben, wodurch freilich bisweilen das Stammwort zum zweisilbigen gemacht, aber die Bedeutung desselben nicht geändert wird, wie im Deutschen das mildernde E, der Knabe, das Auge, der Erbe; Im Lateinischen und Griechischen das

C an

angenommene S am Ende der Wörter, wie pax, nox, rex, νύξ, ἅλς ἆιξ, ὢψ. Allein schon hier beim Anfang eilen die beiden alten Sprachen dem Deutschen etwas vorbei. Jene haben eine weit geringere Anzahl von dergleichen Wörtern, als dieses, weil sie einem grossen Theil ihrer Wurzelwörter durch eine hinzugefügte Endung, welche zugleich mehrentheils das Geschlecht anzeigt, gleichsam das Gepräge des Substantivs geben, und sind also schon etwas weiter in der Ausbildung gegangen, als der Deutsche. Indessen ist doch die ganze Menge der Wörter, welche im Griechischen die Biegungen der dritten Declination und im Lateinischen der drei lezten annehmen, mit dem Deutschen von gleicher Art.

Was die Quellen betrift, aus welchen der Stoff zu den abgeleiteten Substantivs geschöpft wird, so kommen alle drei Sprachen darin über-

überein, daß sie sowol von Adjectivis und Verbis, als auch andern Hauptwörtern Substantiva bilden können. Nur ist die Quelle selbst bei allen nicht gleich ergiebig, und kann also der Sprache auch nicht gleichen Reichthum an Wörtern gewähren. Das Griechische leitet viel mehr Substantiva von Verbis her, als das Lateinische und Deutsche. Die Ursache ist in die Augen fallend. Im Deutschen sind eigentlich nur zwei Tempora und eben so viel Participia. Von diesen ist es also nur möglich, Wörter abzuleiten. Aber selbst aus diesen wenigen Quellen wird nicht geschöpft, sondern die mehresten Substantiva werden entweder nur von der Wurzel des Verbi oder vom Participio Präteriti gebildet; wie, Deckel von decken, Mahler von mahlen, Nath, Drath, von genähet, gedrehet. Allenfalls könnte man noch das Imperfectum als ein Stammwort des Substantivs annehmen, wie dies besonders

bei

bei den irregelären Verbis scheinbar ist: Band, Biß, Schnitt, weil man auch sagt, ich band, ich biß, ich schnitt. Allein man kann sie noch wahrscheinlicher mit Adelung (Lehrgebäude Th. I. S. 310.) zur Wurzel rechnen. Im Lateinischen geht es nicht viel besser; es kann blos von der Wurzel des Verbi, vom Participio des Präsentis und vom Supino Substantiva herleiten, wie furor von furere, indulgentia von indulgens, dictio von dictum. Aber wegen der Vollkommenheit der griechischen Conjugation, wovon im folgenden mit mehrern geredet werden wird, hat diese Sprache eine überaus ergiebige Quelle zu einer grossen Menge von Substantivis, und sie läßt sie auch nicht unbenüzt, sondern bedient sich ihrer in einem hohen Grad. Die Zahl ihrer Verborum überhaupt ist schon groß, und besonders geben diejenigen, welche eine bestimmte Ableitungssilbe haben, Substantiva, die den Begriff jener Ableitungs-

silfilbe mit erhalten, z. B. ψιθύρισμα von ψιθυρίζειν. Doch dieß ungerechnet, leitet es seine Substantiva nicht bloß etwa von den drei Formen, welche ihre Verba haben, oder von einzelnen Tenworibus deffelben her, deren Zahl so sehr das Deutsche und Lateinische über- übertrift, sondern selbst von einigen Personen deffelben Temporis kann es Hauptwörter bil- den. Viele dieser Wörter bringen dann von dem Tempore, wovon sie hergeleitet werden, als ihrem nächsten Stammwort noch einen kleinen Nebenbegrif der Zeit mit, wie die vom Perfecta des Paſſivi abgeleiteten Wörter auf μα eine geschehene, vergangene Sache bedeu- ten. Die Tempora und Personen sind beson- ders zur Ableitung geschickt, wo entweder der Vocal des Stammworts verändert, oder ein characteristischer Consonant hinzugekommen ist. So wird z. B. beim Verbo τρέφω von der

C 3 Wur-

Wurzel deſſelben τρεϕ, — man mag nun das Präſens oder den Infinitivum nehmen — τὸ τρέϕος; vom Perfect des Medii τέτροϕα wird, τροϕὴ, τροϕ`ις, τροϕὸς, τροϕεῖον. von πέποιθα πεποίθησις. Von der erſten Perſon des Perfecti Paſſivi τέτρεμμαι, wird θρέμμα, von der zweiten τέτρεψαι — θρέψις, von der dritten τέθρεπ]αι — θρεπ]ὴρ. Vom Perfecto des Activi δεδίδαχα wird διδαχὴ, vom Aoriſto 2. χαρὰ, vom erſten ἐσθὴς und ἐσθὸς, vom Participio ὖσα — ἠ ὖσία. Dieß geſchieht durch unmittelbare Ableitung. Aber durch die mittelbare Ableitung wird dieſer Vorrath noch ſehr vermehrt. Denn von den verſchiedenen Temporibus der Zeitwörter bildet das Griechiſche mancherlei Adjectiva, von welchen alsdann erſt Subſtantiva gemacht werden können; oder auch erſt Verba, von

von welchen wieder Adjectiva und von diesen beiden dann Substantiva abstammen. Auf diese Weise giebt dann oft ein einziges Verbum den Grundstoff zu überaus vielen Wörtern her. Dieß leztre geschieht indessen bisweilen, wiewol eingeschränkter, auch in den beiden andern Sprachen.

Und doch muß uns der blendende Reichthum dieser Quelle griechischer Wörter nicht ungerecht gegen unsre Muttersprache machen. Geben gleich die deutschen Verba nicht so viel Stoff zu so mannigfaltig modificirten Hauptwörtern her, so bilden sie doch eine erstaunliche Menge von solchen Substantivis, deren unsre Sprache gerade bedarf, nemlich durch Anhängung der Silbe ung an dem Wurzelwort, um die Handlung des Verbi zu bezeichnen. Hier bleibt das Griechische weit hinter dem Deutschen zurück; und auch das Lateinische, welches die

En-

Endung io mit den Supinis verbindet, um dadurch diesen Begriff auszudrücken, erreicht den Reichthum des Deutschen an dergleichen Wörtern bei weitem nicht. Aber freilich bedürfen sie derselben auch nicht so, weil sie da, wo wir diese Substantiva so häufig gebrauchen, sich ihrer Participien bedienen, wie in der Folge noch deutlicher werden wird. — Auch in den vielen Adjectivis hat das Lateinische und Deutsche eine reichere Quelle, Abstracta zu bilden, weil es der Ableitungssilbe derselben noch die Ableitungssilbe der Substantive anhängen kann. So macht es von den vielen Adjectivis, welche die Silbe bar haben, und das in so verschiedenen Bedeutungen lauter Substantiva auf keit, Schäzbarkeit, Fruchtbarkeit, Mannbarkeit, Kostbarkeit — lauter Begriffe, welche das Griechische nicht durch ein Wort, wenigstens nicht durch ein solches, dessen Bedeutung durch die Endung bestimmt würde, aus-

drü-

drücken kann. Die Adjectiva mit den Endungen lich, haft, geben eben so häufige Nomina Abstracta, und selbst denjenigen, welche mit der Silbe heit, keit, verbunden, zu hart klingen würden, muß die hinzugesetzte Silbe ig zur Ableitung behülflich seyn. So sagt man von gerecht nicht Gerechtkeit, sondern Gerechtigkeit; und eben so Schaamhaftigkeit, Naschhaftigkeit; hingegen die griechischen Adjectiva auf den Endungen ώδης, υλος, ιμος, ικος, ερος, ειος, welche ohngefehr mit dem genannten Deutschen der Bedeutung nach übereinkommen, lassen sich nicht zu Substantivis bilden. Κάρπιμος z. B. müste καρπιμότης heissen, um unserm deutschen Ausdruck Fruchtbarkeit gleich zu kommen. Weil die Endung ιμος aber nicht so gebraucht wird, macht man lieber ein zusammengeseztes unmittelbar von κάρπος abgeleitetes Wort und sagt ἐυκαρπία.

Hier

Hier ist selbst das Lateinische biegsamer und kommt dem Deutschen näher, als das Griechische. Denn es kann von seinen Endungen alis, ilis, icus, osus, anus, Substantiva bilden, wenn sie gleich nicht so häufig, wie im deutschen gebraucht werden z. B. mirabilitas, utilitas, magnificentia, humanitas. Auch das erhöhet den Werth dieser deutschen Ableitungsſilben, daß ſie fähig ſind, aufs neue Adjectiva — von ſich herleiten zu laſſen, wie von Obrigkeit, obrigkeitlich; die Endungen $\eta\sigma$ und tas ſind dazu ungeſchickt; eher gienge es noch von dem lat. tudo, wie valetudinarius.

In Anſehung der Art und Weiſe, die Hauptwörter herzuleiten, hat das Deutſche das Eigne, daß es ſich nicht blos der Nachſilben dazu bedient, ſondern auch einiger Vorſilben, wie Bedacht, Beruf, Gericht, Geſchmack. Doch giebt dieß demſelben nichts beſonders

Vor-

Vorzügliches, da ihre Bedeutung nur dunkel und ihr Gebrauch unbestimmt ist, ausser daß die Silbe Ge zur Bildung von vielen Collectivis und Frequentativis brauchbar ist, wie Geflügel, Gebrüll, Geheul. In Ansehung der Nachsilben aber ist gleich auf dem ersten Anblick ein auffallender Unterschied zwischen dem Deutschen und den beiden alten Sprachen. Jenes hat fast immer nur einfache Ableitungssilben, die leztern aber viele zusammengesezte z. B. auditorium, corculum, atramentum, arboretum, ἀκροατήριον, Φυλακεῖον, μειρακίσκιον. Oft sind die einzelnen Ableitungssilben wirklich zusammengesezt, aber oft ist es auch nur scheinbar. Leitet man ἀκροατήριον auditorium unmittelbar von ἀκροάομαι und audio her, so sind freilich die Endungen τήριον, torium sehr zusammengesezt; allein sie sind es weniger, wenn man sie, wie es seyn muß,

muß, nur mittelbar davon hergeleitet und unmittelbar von ἀκροατήρ und auditor. Eine andre Ursache dieses Scheins der Zusammensezung sind die Endungen. Diese gehören in vielen Wörtern nicht eigentlich zur Ableitung, sondern sind nur die Biegungssilben des Nominativs, welche zugleich das Geschlecht mit bestimmen. Dieß ist ein Vorzug dieser Sprachen, welcher dem Deutschen fehlt. Man muß also dann nur die vor der Biegungssilbe vorhergehende Silbe für die wahre Ableitungssilbe halten; also in φυλακεῖον nur die Silbe ει, in corculum nicht culum sondern cul. Denn daß die lezte Silbe nicht zum Wesen des Worts, sondern blos zur Geschlechtsbestimmung und zur Biegung des Nominativs gehöre, zeigt sich auch deutlich bei den Wörtern, welche ein anderes Geschlecht haben. Denn man sagt auch ensiculus, cornicula, wo auf gleiche

Weise

Weise nur die Silbe cul für die wahre Ableitungsſilbe zu halten iſt. Dieſe Bemerkung
giebt auch von den Adjectivis und Verbis, wo
ſie von gleichem Nutzen ſeyn wird, um das Eigenthümliche dieſer Sprachen in dieſer Rückſicht einzuſehen.

Jede Sprache hat auf dieſe Weiſe ihre
eignen Ableitungsſilben, um mit dem Stammwort Nebenbegriffe zu verbinden oder es anders zu modificiren, und das in groſſer Menge.
Sie alle aufzuzählen würde indeſſen eine über-
flüſſige Arbeit ſeyn, weil jede Sprache hier
ihren eigenthümlichen Geſezen folgt, ohne be=
haupten zu können, daß in den gewöhnlichen
Fällen die eine etwas Vorzügliches vor der
andern habe. Nur iſt es auffallend, daß beſonders das Griechiſche eine aufferordentliche
Menge von Ableitungsſilben hat, und das,
um einen und denſelben Begriff auszudrücken.

Ein

Ein Beispiel mögen die Verkleinerungswörter geben. — Im Deutschen haben wir, um den Begrif der Verkleinerung auszudrücken nur die Endungen chen und die im Oberdeutschen eigentlich übliche lein; und im lat. ist es io, lus, oder auch die Einrückung des doppelten l, wie homuncio, homunculus, lapillus, cistella. Im Griechischen hingegen giebt es acht verschiedene Endungen, um die Verkleinerung zu bezeichnen, welche in folgenden Beispielen sichtbar sind:
1) $\pi\alpha\iota\delta\acute{\iota}\sigma\kappa o\varsigma$, 2) $\dot{\rho}\acute{o}\delta\alpha\xi$, 3) $\pi o\lambda\acute{\iota}\chi\nu\eta$, 4) $\dot{\epsilon}\rho\omega\tau\iota\delta\epsilon\acute{\upsilon}\varsigma$, 5) $\mu\alpha\chi\alpha\iota\rho\grave{\iota}\varsigma$, 6) $\nu\iota\kappa\acute{\upsilon}\lambda\lambda\alpha$, 7) $\kappa o\rho\acute{\iota}\nu\nu\alpha$, 8) $\pi\rho o\beta\acute{\alpha}\tau\iota o\nu$. Zu diesen Diminutivis kann man auch die Wörter rechnen, die einen solchen bezeichnen, welcher gern für etwas will angesehen seyn, und den man also aus Verachtung verkleinernd nennet, wie $\pi\lambda\upsilon\tau\alpha\xi$, $\varsigma\acute{o}\alpha\xi$, einer der für einen Reichen, einen Stoicker gelten will; die Deutschen und Rö-

Römer haben für diesen Begrif ihre eignen Verkleinerungsendungen; wie Criticaſter, Stoicaſter, Dichterling, Witzling. So wie dieß ein kleiner Vorzug iſt, ſo hat das Griechiſche und Lateiniſche bei dieſer Gattung von Wörtern das zum Voraus, daß man darin von den Verkleinerungswörtern wieder Diminutiva bilden kann um etwas recht kleines auszudrücken, wie πολίχνιον, μαχαιρίδιον, μειρακίσκιον, μειρακύλλιον, — ciſtellula von ciſtella. Wir ſagen auch wohl ein Mägdleinchen, aber doch iſt dieß nur im gemeinen Leben und nicht leicht in Schriften anders, als im ſehr vertraulichen Stil, gebräuchlich, und eben ſo das abgekürzte Büchelchen, Löchelchen.

Nur iſt die Frage: ob mehrere Ableitungsſilben für einen Nebenbegriff auch ein Vorzug einer Sprache ſey, oder vielleicht gar für einen Fehler gehalten werden müſſe, weil eine

En-

Endung für einen Begriff die Regelmaſſigkeit der Sprache beförbre? Freilich iſt eine Endung für einen Begriff immer etwas gutes, wenn man ſie allen Wörtern, ohne den erſten Geſezen der Sprache Gewalt anzuthun und ohne den Wollklang zu verlezen, anpaſſen kann. Aber dieß iſt in Sprachen, welche einigermaſſen gebildet ſind, und wo der Wollklang eine ſo wichtige Stimme bei der Bildung der Wörter hat, ein äuſſerſt ſeltner Fall. Ein Beiſpiel davon geben ſelbſt unſre Verkleinerungswörter; bei welchen die Endung chen nicht brauchbar iſt, ſo bald das Wort ſich auf einen Gaumlaut endigt. Lochchen, Buchchen ſagen wir nicht, ſondern nehmen dafür das in Oberdeutſchland gewöhnliche Büchlein, Löchlein; und dort kann man wieder nicht dieſe Endung gebrauchen, ſo bald das Wort ſich auf l endigt, man ſagt nicht Stühllein, ſondern Stühlchen. Dieſen Vortheil hat daher eine Sprache von

meh-

mehrern Ableitungsſilben für denſelben Begriff, daß ſie nicht gebunden iſt, ſondern die Wahl hat, und dem Stammwort gleichſam die bequemſte, wolklingendſte anpaſſen kann. So kommen z. B. die vielen Endungen, wodurch von Adjectivis Abſtracta gebildet werden, dem Griechiſchen ſehr zu ſtatten. Die Endung εια iſt für die Adjectiva auf ης, wie ἀλήϑεια; die Endung ια für die Adj. auf ιος, wie ἡ αἰτία; die Endung σύνη für Adj. auf ων wie σωφροσύνη; die Endung ότης für Adj. auf ος wie καινότης; die Endung υτης für Adj. auf υς wie ταχύτης. Aber die Adjectiva auf ος bedienen ſich, auſſer der leztern, auch oft aller übrigen. Wäre dieß nicht, ſo würde das Deutſche und Lateiniſche in der Bildung der Abſtractorum das Griechiſche noch mehr übertreffen, als es ſchon thut, weil ſo viele Ableitungsſilben der Adjective keiner dieſer En-

Endungen annehmen. Auf die Weise gewinnt
dann durch die mehrern Ableitungssilben die
Sprache an Reichthum und durch den Gebrauch der mannigfaltig abgeänderten Wörter
auch am Wohlklang. Denn man kann alsdenn
von demselben Stammwort mehrere Wörter
ableiten, welche ihre verschiedene Bedeutung
blos den verschiedenen Endungen zu danken ha-
ben, wie z. B. von $\overset{\text{,}}{\alpha}\xi\iota o\varsigma$ – $\overset{\text{,}}{\eta}\ \overset{\text{,}}{\alpha}\xi\iota\alpha$, die
Würde, und $\overset{\text{,}}{\eta}\ \overset{\text{,}}{\alpha}\xi\iota o\tau\eta\varsigma$ die Würdigkeit wird.
Und von diesen verschiedenen Wörtern werden
dann bisweilen wieder neue abgeleitet, und so
werden die mannigfaltigen Endungen eine reiche
Quelle von Ausdrücken. Daher ist diese Art
der Biegsamkeit einer Sprache keineswegs
gleichgültig, vielweniger ein Fehler. Auch
zeigt die Geschichte aller Sprachen, daß die
gebildetsten, auch an Ableitungssilben die reichsten sind.

Ein

Ein wirklicher Mangel in Ansehung der Ableitung ist es aber, wenn für ganze Nebenbegriffe eigenthümliche Endungen fehlen. Kann die Sprache gleich dieselben Begriffe durch andre gewöhnliche Endungen ausdrücken, so fällt dadurch doch theils das Regelmäſsige, Analogische weg, und, was das wichtigste ist, sie verliehrt dadurch ein Hülfsmittel zur Bildung neuer Wörter. Denn dazu ist nicht leicht jede Endung geschickt, sondern vorzüglich die, deren Bedeutung bekannt und bestimmt ist. Hier verdienen also die Sprachen unter einander verglichen zu werden.

Das Lateinische und Griechische hat keine eigne Ableitungsform für Collectiva, deren wir im Deutschen mehrere besizen; die Vorsilbe Ge. Gebüsch, Gebein; die Nachsilben ei, icht, schaft, thum, wie Kelterei, Dickicht, Bürgerschaft, Heidenthum. An Collectivis der Bedeutung nach fehlt es freilich dem Lateinischen und Griechischen so wenig, als irgend einer andern Sprache, z. B. gens. populus. Λαὸς ἔθνος. Der Mangel besteht aber darin, daß es seine eigne Form und Endung für dergleichen Wörter hat, und daß es daher manche Wörter blos im Plurali gebrauchen kann, wo wir auch ein neues Wort im Singulari bilden können. Der Grieche und Römer z. B. kann nur cives, πολῖται sagen, wir die Bürger und die Bürgerschaft. Wollen jene einen Singularem sezen, so müssen sie den metaphorischen Ausdruck tota civitas, πᾶσα πόλις, brauchen. Das können wir aber überdas auch noch; die ganze Stadt für alle Leute in der Stadt. Oft ist es auch nicht gleichgültig, ob man das Collectivum oder den Pluralis des Stammworts sezt. Denn man bedient sich im Deutschen auch der collectiven Form um ein bestimm-

bestimmtes Ganze von mehrern gleichartigen Theilen zu bezeichnen. So ist Volk der Bedeutung nach an sich schon ein Collectivum. Bei Völker denkt man sich ganz verschiedene Nationen, Holländer, Engländer, Franzosen; bei Völkerschaft hingegen den Inbegriff mehrerer in einem District gelegner kleinen Völker.

Diesen Vortheil, den wir vor dem Lateinischen und Griechischen voraus haben, machen uns aber auch diese Sprachen wieder streitig, weil sie auch einige Begriffe durch bloſe Ableitung ausdrücken können, wozu wir nicht im Stande sind. Dieß geschieht durch ihre Silben, durch welche sie den Nebenbegriff der Vergrösserung und der Abkunft bezeichnen. Selten fällt uns der Mangel der Vergrösserungswörter in unsrer Muttersprache auf, weil wir ihn der Gewohnheit wegen nicht bemerken und uns durch zusammengeſezte Wörter helfen. Allein dieß, bleibt doch immer Behelf, und es iſt ein Glück, daß unſre Sprache ſo biegſam in Zuſammenſetzung der Wörter iſt; ſonſt gienge auch dieſer Behelf nicht an. Mangel bleibt es immer, ſo gut als es Mangel wäre, wenn wir auch keine Verkleinerungswörter durch eigne Endungen ableiteten, ſondern ſie durch Zuſammenſetzung bilden müſſen. Hier haben die Griechen alſo die Endung ων, wie πλάτων, γνάθων, θράσων; die Lateiner o, wie capito, wahrſcheinlich aus dem Griechiſchen geborgt, weil ſie ſich derſelben ſelten bedienen, und weil ſie ſie auch nach der Analogie andrer Wörter, welche mit der griechiſchen Endung ων übereinkommt, ſchreiben, wie lco, thraſo, plato. Eben ſo fehlen uns auch die Patronymica der Griechen, wodurch ſie kurz die Abſtammung und das Geſchlecht eines Menſchen ausdrücken, wie πελοπίδης, Λαερ-

Ἀερτιάδης, Περσηΐς, Ἀκρησιώνη; Ἀδραςινη u. f. w. Alle diese Endungen hat das Lateinische auch, aber nur vom Griechischen entlehnt. Dieß macht einen wichtigen Unterschied. Sie bedienen sich ihrer zwar, aber nur in Wörtern, die schon bei den Griechen so gebildet sind, wie Anchisiades, Pelides, Perseis, aber nicht in ursprünglich lateinischen Wörtern; Romulides, Remides sagten sie nicht.

Bei den Substantivis verdient noch ein Vorzug des Deutschen einer Erwähnung, welcher freilich nicht zur Bildung, auch nicht zum Reichthum der Sprache, sondern mehr zur Geschmeidigkeit im Ausdruck gehört, daß es nemlich fast jeden Redetheil, ohne ihn erst durch Ableitung zum Substantivo zu bilden, doch als ein solches brauchen kann. Bei einigen geht bleß auch in andern Sprachen, wie im Lateinischen bei den Adjectivis und Infinitivis;

D 4   amici.

amici, mortales; tuum scire; Dulce & decorum pro patria mori. Doch ist der Gebrauch desselben viel eingeschränkter, als im Griechischen; denn sie bedienen sich nicht nur der Infinitive viel häufiger als Substantive z. B. ἔξειμι πρὸς τὸ μάχεσθαι; μετὰ τὸ ἁμαρτάνειν γίνεται τὸ μετανοεῖν; sondern noch weit mehr das Neutri der Adjective, z. B. τὸ ἀμέριμνον, τὸ εὔδαιμον für ἡ εὐδαιμονία. Dieß findet besonders bei attischen Schriftstellern statt, und welche diese nachahmen. So sagt Thucidides τὸ ςασιάζον für ἡ ςάσις, τὸ ὑβρίζον für ἡ ὕβρις, und Josephus ἡ ἐλπὶς τῦ σωθησομένυ für τῆς σωτηρίας, τὸ ἀπολύμενον der Tod, τὸ μὴ ἀπολύμενον die Erhaltung des Lebens. Τὸ μέλλον, die Zukunft. Bei den Infinitivis ist noch der merkwürdige Gebrauch im Griechischen, wodurch es sich vom Lateinischen sowohl als Deutschen unterscheidet, daß es demselben den Artikel vorsetzen und dadurch sehr geschickt zur Erklärung der Wörter gebrauchen kann, welche, um völlig verstanden zu werden, noch eines Verbi zur Erläuterung bedürfen, nemlich in den Fällen, wo wir oft unser zu mit dem Infinitivo sezen; z. B. καιρός ἐςι τῦ λέγειν, gleichsam, es ist die Zeit des Redens, d. i. zu reden. Hier wird also der Infinitiv durch Beisezung des Artikels gleichsam in ein Substantivum umgeprägt und als ein solches behandelt; Dieß geschieht häufig sogar, wenn der Infinitiv noch andre Wörter zu seiner Erklärung bei sich hat; z. E. im Xenoph. Σωκράτης παρεκάλει ἐπιμελεῖσθαι τῦ ὡς φρωνιμώτατον εἶναι καὶ ὠφελιμώτατον. Auch ganze Säze können so als Substantiva oder als Subject wegen des Artikels angesehen werden, wie z. B. Demosthenes zu An-

fang

fang seiner Rede für die Krone sagt; εὔχομαι, τȣ̃το παραϛῆσαι τὰς θεὰς ὑμῖν, μὴ τὸν ἀντίδικον σύμβȣλον ποιήσασθαι περὶ τȣ̃ πῶς ἀκȣ́ειν ὑμᾶς ἐμȣ̃ δεῖ. Das Deutsche übertrift aber noch das Griechische weit in dem Gebrauch anderer Redetheile statt der Substantive. Von Adjectivis und Infinitivis ist es ganz gewöhnlich, das Eiweiß, das Eiergelb, das Ganze, das Erhabne; das Reden, das Lesen. Aber andre Redetheile sind nicht minder gebräuchlich; Mein andres Ich; es ist ein Aber dabei; das Nichts der eiteln Ehre; Mein Ja gilt so viel, als sein Nein; das lezte Lebe wohl; daß, wer zu menschlich ist, nicht vernehme das Ach derer die sterblich sind; Klopst. sind Beispiele davon.

Was die Adjectiva betrift, so theilen die Deutschen das, was Griechen und Römer unter diesem Namen zusammenfassen in zwei Gat=

Gattungen von Wörtern, und machen hier einen den meisten Sprachen unbekannten feinen Unterschied. Dieß denke ich ist so deutlich von unserm fürtreflichen deutschen Sprachlehrer, Herrn Adelung erwiesen, daß izt wol niemand mehr daran zweifeln kann. Er nennt die eine Gattung Eigenschafts die andre Beschaffenheitswort. Dieß leztre steht immer zur unmittelbaren Erklärung des Verbi da, und hat keine Concretionssilbe z. B. der Tugendhafte ist glücklich. Das erstre steht immer zur unmittelbaren Erklärung des Subjects und hat beständig seine Concretionssilbe: der glückliche Tugendhafte oder ein glücklicher Tugendhafter. Bei jenem denkt man sich etwas Unselbständiges, ausser einem selbständigen Dinge befindliches, und legt es erst demselben vermittelst das Verbi bei; bei diesem denkt man sich eben dieses dem Subject schon einverleibt und beigelegt. Diesen feinen wirklich philoso-

phi-

phischen Unterschied machten Griechen und Römer nicht, sondern sagt in beiden Fällen felix und εὐδαίμων. Offenbar ist dieß ein Vorzug unsrer Sprache. Aber diesen machen uns beide alte Sprachen auf einer andern Seite wieder streitig. Sie unterscheiden wieder zwischen ihrem Beschaffenheits und Umstandswort, und geben dem leztern seine eigne Endung, wie εὐδαιμόνως, feliciter, und dieß thun die Deutschen nicht. In den Redensarten: Der Tugendhafte ist glücklich, und, er hat sich glücklich gerettet ist glücklich das erstemal Beschaffenheits und das zweitenmal Umstandswort, ohne daß es ein äusseres Unterscheidungsmerkmal hätte. Aber im Griechischen und Lateinischen ὁ χρηςὸς εὐδαίμων ἐςιν und εὐδαιμόνως ἐσώθη; bonus est felix und feliciter servatus est, lassen sich diese Wörter auch durch ihren äussern Bau sogleich unterscheiden. Und dieß ist wieder ein

ein Vorzug dieser Sprachen. Das Gefühl hat hier verschieden geleitet. Der Deutsche empfand den Unterschied des Beschaffenheits‑ wortes vom Eigenschaftswort, und Griechen und Römer vom Umstandswort lebhafter. Diese bezeichnen daher Beschaffenheits‑ und Eigenschaftswort auf gleiche Weise, jene Beschaf‑ fenheits‑ und Umstandswort. — Wer mag ent‑ scheiden, was besser sey? — Indessen ist dieser Un‑ terschied der Grund von der verschiedenen Bildung der Eigenschaftswörter in diesen Sprachen. Das Lateinische und Griechische bildet sie un‑ mittelbar aus andern Redetheilen, das Deutsche blos aus seinen Beschaffenheitswörtern, welche durch die Concretionssilbe erst zu Eigenschafts‑ wörtern erhöhet werden. Will man also die Art der Ableitung in diesen Sprachen verglei‑ chen, so muß man die deutsche Concretionssilbe abrechnen, und blos die Silbe betrachten, welche Eigenschafts‑ und Beschaffenheitswort

im

im Deutschen gemeinschaftlich haben, also z. E. von glücklicher, glückliche, glückliches und glücklich käme blos die Silbe lich in Betrachtung.

Sieht man auf die Quellen, aus welchen diese Sprachen den Stoff zu ihren Adjectiven schöpfen, so sind sie sich darin alle drei gleich, daß die Adjectiva theils selbst Wurzelwörter sind, theils von Substantivis, Verbis, Zahl= und Umstands=Wörtern abgeleitet werden. Nur hat das Deutsche eine weit gröffere Menge von blosen Wurzelwörtern, wie schwarz, weiß, rund, gut, faul, alt, u. s. w.; da hingegen die beiden alten Sprachen ihren Adjectivis noch häufiger, als den Substantivis, ihre eigne Ableitungssilbe geben, wie $\varkappa\alpha\lambda\grave{o}\varsigma$, $\varkappa\alpha\varkappa\grave{o}\varsigma$, bonus, malus, und sie also mehr ausgebildet haben. Nur manche zusammengesetzte Wörter, wie $\delta\alpha\sigma\upsilon\vartheta\grave{\rho}\iota\xi$, $\ddot{\alpha}\pi\upsilon\varsigma$, volipes, gracilipes machen

machen davon Ausnahme. Und will man bei den ächten deutschen Adjectivis die Concretionssilbe hieher rechnen, so kommt es nicht blos den beiden alten Sprachen hierinn gleich, sondern übertrift sie noch, weil jedes Eigenschaftswort dieselbe haben muß. — Haben nun gleich alle drei Sprachen dieselben Quellen zur Bildung der Adjective, so können sie sie doch nicht auf gleiche Weise benuzen, oder thun es wenigstens nicht. Das Deutsche kann aus vielen Umstandswörtern wie, hier, da, dort, izt, bisher, bald, vermittelst der Silbe ig Adjectiva bilden, und also Redensarten, wie, mein hiesiger Aufenthalt, mein dortiger Freund, meine baldige Ankunft, die izige Zeit, sehr gut gebrauchen. Eben so geben auch die Adverbia numerandi dreimal, viermal, u. s. w. dergleichen Adjectiva her. Und haben gleich die Lateiner auch ternus, quaternus, so ist doch der Gebrauch derselben anders.

ders. Freilich erſezt der Griechiſche dieſen Mangel einigermaſſen durch ſeine Geſchmeidigkeit in der Conſtruction, nach welcher das Adverbium zwiſchen dem Artikel und dem Nomine geſezt, denſelben Begriff eben ſo kurz ausdrückt, wie ὁ νῦν καιρὸς, οἱ νῦν ἄνθρωποι, ὁ μεταξὺ τόπος, αἱ ἑξῆς ἡμέραι, und das ſelbſt mit der Steigerung, ὁ ἀνωτέρω τόπος, ἡ ἀνωτάτω τιμή. Aber immer bleibt es doch, was es war, ein Umſtandswort. Im Lateiniſchen geht ſelbſt dieß nicht an, weil hier kein Artikel iſt, und wenn nicht gerade dergleichen von Adverbiis gebildete Adjectiva vorhanden ſind, wie hesternus, hodiernus, welches ſelten der Fall iſt, ſo fehlt ihnen dieſe Art ſich auszudrücken gänzlich. Auf der andern Seite haben aber wieder die Griechen viel kühnere blos einen Umſtand anzeigende Adjectiva, die aber nicht von Umſtandswörtern,

wörtern, sondern von andern Adjectivis oder Substantivis abgeleitet sind, wie von Ordnungszahlen durch die Endung αῖος, wo es den Tag ausdrückt; z. B. τριταῖος, πυρετός, können wir auch ein dreitägiges Fieber geben, aber so wie die Griechen: τριταῖος, τεταρταῖος ἀφίκετο, können wir nicht sagen, er kam dreitägig viertägig. Noch kühner ist παννύχιος ἐκάθευδε, er schlief die ganze Nacht, gleichsam παννυκτὶ oder πᾶσαν τὴν νύκτα; ἀέριος ἀνέβη er stieg durch die Luft. Doch sind diese leztern Ableitungen selbst für die griechische Prose zu kühn und blos für den Dichter da.

Von so vielen Temporibus der Verborum, wie im Griechischen, kann weder das Lateinische noch das Deutsche seine Adjectiva ableiten, weil es nicht so viele Tempora hat. Hier muß also

alſo das Griechiſche wieder einen kleinen Vorſprung gewinnen. Indeſſen erſezen wir dieſen Mangel groſſentheils, weil wir die Wurzel des Verbi mit mancherlei Endungen verbinden und auch ſo einen groſſen Reichthum von verbaliſchen Adjectivis erhalten. Unter allen Adjectiven aber welche die Griechen von Verbis ableiten, ſind ſie am meiſten wegen derjenigen auf τος und της zu beneiden. Nicht als ob wir die Begriffe derſelben nicht auch ausdrücken könnten. Unſre Participia müſſen ihre Stelle vertreten. Aber dadurch wächſt unſrer Sprache der Nachtheil zu, daß unſre Participia den Nebenbegriff der Zeit faſt ganz verloren haben, da ſie hingegen den Gebrauch des Participii, wenn eine Zeit beſtimmt werden ſoll, vor uns voraus erhalten.

In Anſehung der Ableitungsmethode ſcheint wol das deutſche Adjectivum etwas vor den

Übri=

übrigen Sprachen durch die Vorsilben voraus zu haben. Aber sie sind im Grund von noch geringerm Werthe als bei den Substantivis, weil sie ihnen nicht ganz eigen sind, sondern mehrentheils aus den Stammwörtern, — Substantivis oder Verbis — bei der Ableitung mit hinübergenommen sind, z. B. bedachtsam, betriegerisch, beschwerlich, gebürtig, gewissenhaft. Es giebt wenige Wörter, von welchen dieß nicht erwiesen werden könnte, wie gewiß, geschwinde, bereit, behende. Aber auch in diesen ist die Bedeutung derselben sehr dunkel und kann also nicht zur Bildung neuer Wörter angewandt werden. Bei einigen wenigen Wörtern, deren Stammwort diese Silbe nicht hatte, scheint sie noch einigermassen durch, wie bei gehässig, gehörnt, wo wir kein Verbum hörnen haben, das Substantivum Horn die Vorsilbe auch nicht hat, und das Wort doch in der Bedeutung des Participii Präteriti genommen wird.

wird. — An Nachsilben übertrift das Griechische und Lateinische das Deutsche in Ansehung der Zahl und Menge weit; aber nicht an innerm Gehalt. Wir können mit wenigen Nachsilben, welche sich vielen Wörtern anpassen, mehr Adjectiva ableiten, als sie mit ihrer Menge, welche sich nicht so zu jedem Wort bequemen. Unser bar, sam, lich, haft, isch, sind stark bezeichnende Silben, wodurch wir Adjectiva mit mannigfaltigen Bedeutungen bilden. Bisweilen erreicht das Lateinische und Griechische diese auch durch seine Endungen, aber oft bleibt es auch zurück. Eine kurze Vergleichung der hauptsächlichsten Begriffe, welche durch diese Endungen ausgedrüket werden, wird dieß Urtheil bestätigen; obgleich der Umfang der Anwendung dieser Endungen auf die Worte sich nicht genau messen sondern nur im Allgemeinen angeben läßt.

1) Fast alle jene Nachsilben werden gebraucht um die Anwesenheit des Begriffs des

Wur=

Wurzelworts anzuzeigen, z. B. scheinbar, schädlich, heilsam, schmackhaft, muthig, neidisch. Etwas Aehnliches ist die Silbe ρος im Griechischen, z. E. λυπηρὸς, τρυφερὸς.

2) Eine Fähigkeit wozu, entweder thätig oder leidend, fruchtbar, eßbar, brauchbar, schiffbar, biegsam, sparsam. Für diesen Begriff hat das Lateinische die Endung lis und das Griechische ιμος, — mirabilis, utilis, κάρπιμος, ἐδώδιμος πλώϊμος, χρήσιμος. Indessen wird sie nicht so häufig, als die deutsche gebraucht, sondern man muß oft zusammensezen, wie biegsam εὐκαμπής.

3) Eine Aehnlichkeit — wenn es eine Materie ist, icht, wie harzicht, hornicht, und sonst die andern Nachsilben: fabelhaft, knechtisch, königlich, gewaltsam. Hier haben die Griechen bisweilen ὤδης z. E. κερατώδης

hor-

hornicht, μυθώδης fabelhaft; hingegen hornig κεράτινος; auch bisweilen ικος, wie κωνικός konisch, kegelförmig, νεανικός jugendlich; im Lateinischen juvenilis, regalis.

4) Neigung zu einer Sache und Fertigkeit darin; schwazhaft, flatterhaft, grillenhaft; Auch hier im Griechischen die Endung ώδης, und im Lateinischen osus.

5) Verringerung — süßlich, säuerlich; im Griechischen υλος, ἥδυλος, δρίμυλος. Das Lateinische sezt hier mit sub zusammen, subrubidus, auch das Griechische oft, wie ἔγχλωρος, ἔμπικρος, ὑπόλευκος, ὑπέρυθρος, διάλευκος.

Man sieht hieraus, daß es den beiden alten Sprachen nicht ganz an Endungen fehlt, diese Begriffe auszudrücken, aber sie wenden sie nicht so häufig an, als wir Deutschen und müs-

müſſen alſo viele dergleichen Wörter durch Um=
ſchreibung oder Zuſammenſezung geben. Und
bedienten ſie ſich ihrer auch eben ſo ſehr, ſo
würden ſie doch den deutſchen Endungen an
Werth nicht beikommen, weil ſie zu weitern
Ableitungen ungeſchickt ſind, da gerade dieſe
zahlreiche Menge von Adjectivis fürs Deutſche
eine ſo ergiebige Quelle von Abſtractis iſt,
welche durch Anhängung der Silbe keit gebil=
det werden. Indeſſen giebt es doch einige Be=
griffe, welche durch dieſe deutſche Endungen,
beſonders durch bar angedeutet werden, an
deren Stellen das Griechiſche und Lateiniſche
keine ähnlichen hat; 1) Verurſachung, ekelhaft,
koſtbar, πολυτελής, 2) eine Verbindlichkeit
ſchäzbar, zahlbar; 3) eine Art und Weiſe,
mündlich, eidlich ſchriftlich z. B. ein münd=
licher Vertrag, ein ſchriftlicher Vergleich, kann
man in beiden Sprachen ſo durch Adjectiva
nicht ausdrücken.

E 4 Doch

Doch muß auch das Vorzügliche, beson＝
ders des Griechischen in dieser Rücksicht nicht
verschwiegen werden. Die Bedeutungen der
Endungen ικος, ώδης, υλος, ιμος sind nem＝
lich offenbar viel bestimmter als einige von
unsern fruchtbarsten Nachsilben. So wird
z. B. die Silbe bar zur Bezeichnung fast aller
angeführten Begriffe gebraucht. Dadurch kann
der Begriff derselben in den Köpfen des gros＝
sen Haufens sich nicht anders als sehr verwor＝
ren darstellen, wodurch sie freilich ihre Kraft
in schon gebildeten Wörtern nicht verliehrt, aber
doch zu analogischen Ableitungen minder ge＝
schickt wird. Man findet sie daher auch bei
neuen Wörtern nur in der Bedeutung der Fä＝
higkeit und des Vermögens wozu angewandt,
wie genießbar, hörbar, lautbar, weil dieser
Begriff sich ziemlich deutlich mit der Endung
verbinden läßt.

Im

Im ganzen hingegen wüste ich keine Begriffe, welche die Alten durch ihre Ableitungssilben ausdrücken sollten, wo es auch nicht der Deutsche könnte. Im lateinischen giebt es nur einige von Zalwörtern abgeleitete Abjectiva, welche demselben ganz eigen sind. Dieß sind die Distributiva, wie binus, centenus, millenus, z. B. centeni asses militibus dati sunt. Jeder Soldat bekam hundert Asses; und auch die Ordnungszalen, welche zugleich den Begriff der Gattung unter sich begreifen, wie primanus, secundanus, zur ersten, zweiten Ordnung gehörig. Im Griechischen machen ein paar eigne wichtige Gattungen von Adjectivis Ausnahme. Denn auffer der Endung αῖος, auf Ordnungszalen angewandt, wie δευτεραῖος, τριταῖος – haben sie noch von Verbis abgeleitete Adjectiva mit einem ganz eigenthümlichen Begriff, nemlich dem Begriff des starken Zwanges und der Nothwendigkeit, wie,

πραχπρακτέον, δοτέον, τιμητέον, welches wir im Deutschen durch man muß geben; man muß thun, man muß ehren, u. s. w. Die Römer haben ihr Participium Futuri zur Bezeichnung dieses Begriffs angewandt, wovon beim Verbo geredet werden wird. Die andre Gattung sind die vielen verbalischen Adjectiva auf *ικος*, welche nicht sowol wegen des eignen Begriffs, den diese Ableitungssilbe ertheilt, als wegen der Ausdehnung, mit welcher sie angewandt wird, erwehnt zu werden verdienen. Denn eben diesen Begriff der Fähigkeit drücken wir auch bisweilen durch unsre Silbe isch aus, z. B. ευριστικός erfinderisch. Aber es giebt tausend griechische Wörter, deren Begriff weder Deutsche noch Römer durch ein bloses Adjectivum erschöpfen. Man versuche es nur bei den wenigen in Xen. Mem. Socr. III. 1, 16. παρασκευαςικὸν τῶν εἰς τὸν πόλεμον τὸν ςρα-

ςρατηγὸν εἶναι χρὴ, καὶ ποριςικὸν τῶν ἐπι-
τηδείων τοῖς ςρατιώταις καὶ μηχανικὸν
u. f. w. Das Griechische hat hier also bei
der einen Endung gerade den Vorzug vor dem
Deutschen, welchen dieses bei seinen Endun=
gen bar, haft, lich, sam, ig, isch, vor dem
Griechischen und Lateinischen hat, nemlich den
Vorzug des ausgedehnten Gebrauchs, wenn
gleich Griechen und Römer bisweilen jene eben
so gut ausdrücken können.

Nach diesen Betrachtungen über die Bil=
dungskraft der drei Sprachen in Ansehung der
Nominum, möchte ich den sehen, der es wa=
gen möchte, durch einen Machtspruch kategorisch
einer Sprache den Preis zu ertheilen. Ein
allgemeines Urtheil ist hier so gut als gar
keins. Es muß nothwendig einseitig aus=
fallen. Jede dieser Sprachen hat ihr eigen=
thümliches Gute, welches gegen einander die
                                                    Waage

Waage hält. Daher rühren auch die vielen schwankenden Urtheile, welche von jeher über den Reichthum dieser Sprachen gefället worden sind. Jeder Schriftsteller hebt aus der Sprache, deren Lob er erschallen läßt, das Vorzügliche heraus, und findet immer Etwas, welches seinem Urtheil den Schein des Gründlichen giebt. So kann der Deutsche patriotisch die unerschöpfliche Zeugungskraft seiner Muttersprache rühmen, wegen der vielen Endungen für die Substantiva, der Fruchtbarkeit der Silben ung, er, heit und keit, wegen der Menge von Adjectiven, welche ihm die Silben bar, lich, haft, u. s. w. verschaffen, wegen mancherlei Begriffe, deren Bezeichnung ihm durch Ableitung leicht wird, und welche Griechen und Römer auszudrücken nicht vermögend sind; und er hat Recht. Aber er vergißt, daß die klare, bestimmte Bedeutung der Ableitungssilben auch etwas vorzügliches ist.

ist. — Der Freund des Alterthums kann den Deutschen kühn auffordern, ihn die Fülle von Ableitungssilben für Adjectiva zu zeigen, welche das Griechische und Lateinische hat, so reiche Quellen zur Ableitung, als die griechischen Verba in ihren verschiedenen Formen und Temporibus darbieten, den Ausdruck für die verbalischen Adjectiva auf έαν und ικος oder für die Zaladjective wie binus, primanus, τεταρταῖος, die klare Bedeutung, welche die Endungen ωδης, υλος, ιμος, ινος, οεις, ηεις, osus, ilis, idus, u. s. w. haben; und der Deutsche muß verstummen. Aber er vergißt zu bedenken, daß vielerlei Geldsorten nicht allein reich machen, daß viele Stücke von demselben Gepräge auch Reichthum sind, und daß der Deutsche ihm ähnliche Fragen entgegensezen kann. — Nach meinem Bedünken ist die Bildungsfähigkeit aller drei Sprachen in Ansehung

hung der Nominum, welche gerade die hauptsächlichsten Wörter einer Sprache sind, wenn man die Vorzüge, welche jede derselben eigenthümlich hat, gegen einander aufgehen läßt, zum Bewundern gleich. Nur daraus läßt es sich erklären, wie man von jeher, bald dieser, bald jener Sprache den Vorzug eingeräumet habe. Und nur aus diesem Gesichtspunkt läßt sich das Urtheil Cicero's rechtfertigen, welcher das Lateinische für eine eben so reiche, oder noch wol reichere Sprache als das Griechische hielt, *) welches doch schon damals, weder den Griechen, noch vielen Römern recht einleuch-

---

*) Eine der Stellen wo er dieß äussert ist, de Finib. III. s. Etsi, quod sæpe diximus, & quidem cum aliqua querela non Græcorum modo, sed etiam eorum, qui se Græcos magis quam nostros haberi volunt, nos non modo non vinci a Græcis verborum copia, sed esse in ea etiam superiores: elaborandum est, &c.

leuchten wollte. Und offenbar muß er blos Rücksicht auf die einfachen, abgeleiteten Wörter genommen haben, ohne die grosse Anzal von zusammengesezten Wörtern mit in Anschlag zu bringen, an welchen das Griechische dem Lateinischen so sichtbar überlegen ist.

So sehr nun aber auch das Deutsche in der Bildungskraft der Nominum den beiden ältern Sprachen gleich kommt und in manchen nicht unerheblichen Stücken wirklich übertrift, so sehr bleibt es doch in der Bildung der Verborum hinter beiden und besonders den Griechischen zurück. Schon die Quellen, aus welchen der Stoff zu den Verbis geschöpft wird, fliessen zahlreicher und ergiebiger bei diesen, als bei jener. Denn ausser den Wurzelwörtern sind im Deutschen im Grunde die Beschaffenheitswörter und Interjectionen die einzigen eigentlichen Quellen für die Verba. Und werden

den sie gleich bisweilen auch von Substantivis und andern Verbis gebildet, so ist doch ihre Zal so klein, daß sie selbst nach dem Urtheil Adelungs (Lehrgeb. 1 S. 723) in keine Betrachtung kommen. Und gerade diese geben einen sehr reichlichen Stoff zur Bildung lateischer und besonders griechischer Verborum her. — Doch die Vorzüge dieser Sprache in Ansehung der Verborum werden sich am besten aus dem Begriff des Verbi und dessen verschiedenen Arten herleiten lassen.

Das Verbum ist der Redetheil, durch welchen dem selbstständigen Ding, dem Substantiv, etwas unselbständiges beigelegt wird. Es macht also in einem Saz das Prädikat entweder ganz oder zum Theil aus. Die einfachste und zugleich die vollständigste Art desselben ist diejenige, wodurch dem Subject eine Handlung beigelegt wird, welche nur in dem

Sub-

Subject vorgehet; oder die Intransitiva z. B. der Baum grünet, der Hund läuft, der Vogel fliegt. Hier enthält das Verbum das ganze Prädikat mit der Copula. Man hat aber auch Verba, wie seyn, werden, anfangen u. s. w. welche, erst mit einem hinzugesezten Substantivo, Adjectivo oder Verbo zusammengenommen, das Prädikat ausmachen; z. B. ich bin roth, ich bin ein Sklave, ich werde müde, ich fange an zu schlafen, ich will essen, und dergl. mehr. Dieß geschieht dann, wenn man von dem erklärenden Nomine oder Verbo, kein Verbum hat welches den Begriff des ganzen Prädikats erschöpfte. Doch bedient man sich dieser Arten zu reden auch da, wo die Noth nicht dazu zwingt, bloß zur Abwechselung. Jedes Intransitivum läßet sich durch ein solches Verbum, welches allein das Prädikat nicht ausmachen kann, mit dem dabeigesezten erklärenden Nomine oder Infinitivo auflösen, nur mit dem Unter-

Unterſchied, daß die Endung des Verbi dem Intranſitivo immer mehr oder weniger den Nebenbegriff der Handlung mittheilt, welche entweder willkührlich oder unwillkührlich an dem Subject vorgehet. So ſagt z. E. der Baum iſt grün und der Baum grünet im Ganzen genommen daſſelbe und kann auch ſynonymiſch gebraucht werden, nur mit dem Unterſchied daß das leztre doch den Nebenbegriff der Handlung hat und ohngefehr ſo viel bedeutet, als: der Baum treibt grüne Blätter. Nimmt man zu dieſem erklärenden Beſchaffenheitswort ein Participium, ſo erſchöpft es den Begriff des Verbi ganz, weil das Participium als ein vom Verbo abgeleitetes Beſchaffenheitswort ſchon den Nebenbegriff der Handlung mit ſich führet. Der Baum iſt grünend, der Hund iſt laufend, der Vogel iſt fliegend, löſet völlig den Begriff des Intranſitivi auf. Daher bedienen ſich auch die Alten zur Abwech-

wechselung dieser Umschreibung so häufig. —
Wenn nun ein Verbum vom Beschaffenheitswort abgeleitet wird, so giebt man ihm blos
die dem Verbo eignen Biegungslaute und dadurch geht es gleichsam ins Verbum über. So
wird von grün, grünen, ich grüne, du grü-
nest u. s. w. von starr ich starre, du starrest
u. s. w. Hierin kömmt das Lateinische mit dem
Deutschen genau überein, nur daß es noch häufiger dergleichen Verba bildet z. E. ægroto von
ægrotus, nachdem die Biegungssilbe des Adjectivs us, wie es sich versteht, weggeworfen
ist. Das Griechische hat hier aber einen grossen Vorzug vor beiden Sprachen. Es läßt sein
Abjectivum nicht so schlechtweg durch die Endung
des Verbi ins Verbum übergehen, sondern
giebt ihm noch eine Ableitungssilbe z. B. von
σωφρον wird nicht σωφρόνω sondern σω-
φρονέω, von εὐδαίμων nicht εὐδαιμόνω
son-

sondern εὐδαιμονέω, von ἀληθής nicht ἀλήθω sondern ἀληθεύω. Dieß eingerückte ε und ευ giebt also dem Wort einen viel klärern Nebenbegriff, es vertritt gleichsam die Stelle des Verbi seyn. Deswegen können auch dergleichen Verba im Griechischen viel häufiger gebildet werden, als im Lateinischen und Deutschen; deswegen müssen wir diese Verba so oft durch seyn mit einem Adjectivo umschreiben, weil weder wir noch die Römer für den Begriff des Seyns, des Zustandes, eine eigne Ableitungssilbe haben. So kann man εὐδαιμονέω nicht anders als durch felix sum, ich bin glücklich, übersetzen, und so in unzähligen Fällen mehr. — Nun geht das Griechische einen Schritt weiter, oder vielmehr es thut einen Sprung vor den beiden andern Sprachen voraus. — Wird nemlich dem Subject etwas durch das Verbum seyn beigelegt, so darf es nicht gerade ein Beschaffenheitswort, es kann auch ein Substan-

stantivum seyn. So sagen wir: ich bin ein
Sklave, ein König, eine Jungfer. Diese
Substantiva nun bildet der Grieche vermittelst
seiner Ableitungssilben zu Verbis um, und
statt δοῦλος εἰμι, βασιλεύς εἰμι, παρθένος
εἰμὶ sagt er mit einem Wort δουλεύω, βα-
σιλεύω, παρθενεύω. — Nun kann man
freilich diese Verba im Deutschen und Lateinischen auch bisweilen durch Verba geben. Z. B.
dienen, regieren, servire, regnare, drückt oft
(obgleich nicht immer ganz) das aus, was
δουλεύειν, βασιλεύειν. Man könnte also
glauben, der Unterschied sey so wichtig nicht,
dienen sey auch mit Diener, servire mit ser-
vus verwandt. Aber theils ist der Begriff
des Seyns nicht durch eine Ableitungssilbe
ausgedrückt, theils die Form des Substantivs
nicht mit ins Verbum übergegangen, weil sonst
von Diener, der Analogie nach, wie foltern,

eitern,

eitern, auch Dienern werden müſte. Und wirklich haben wir einige im gemeinen Leben gebräuchliche Verba, welche nach dieſer Analogie gebildet ſind, die einzigen, welche etwas Aehnliches mit jenen zalreichen griechiſchen Verbis haben, z. B. von Schuſter, Schneider, ſchuſtern, ſchneidern, und doch verbinden wir nicht denſelben Begriff damit, wie mit dem griechiſchen σκυτοτομέω, ein Schuſter ſeyn, ſondern den Schuſter ſpielen, den Schneider machen. Daß man aber bisweilen in andern Sprachen von Wurzelwörtern oder andern Redetheilen abgeleitete Verba findet, welche ohngefehr daſſelbe bedeuten, iſt kein Wunder. Denn die Begriffe eines Zuſtandes und der Function deſſelben Zuſtandes grenzen ſehr aneinander, ſo daß die Ausdrücke, dienen und Diener ſeyn, König ſeyn und regieren oft, des Sinns unbeſchadet, mit einander verwechſelt werden können. Aber ſehr

oft

oft geht auch diese Verwechselung mit einem andern Verbo nicht an, z. B. bei παρθενεύω. Endlich wendet das Griechische diese Art von Ableitung nicht blos auf Substantiva an, welche blos von Menschen als Prädikate gebraucht werden können, sondern auch auf andre Gegenstände, welche dann durch eine elliptische Bedeutung, welche man dem Wort belleget, zu einem menschlichen Prädikat erhoben wird; z. B. wenn θαλασσεύω die Bedeutung hätte, ein Meer seyn, so würde dieß Verbum wol nie, ober doch höchst selten, die Ehre haben, gebraucht zu werden. Denn von welchen Dingen kann man prädiciren, daß sie Meere sind als von Meeren selbst; und so könnten sie also vielleicht sagen ὁ Ὠκεανὸς θαλασσεύει für θάλασσά ἐστι — aber wie selten würde der Fall seyn; sie geben daher lieber dem Wort eine elliptische Bedeutung, so, daß sie es auch auf den Menschen anwenden können, auf dem Meere seyn, ohngefehr als wenn wir im Deutschen sagen wollten, meeren, seeen, für: auf der See sich befinden. So ist καλαμέυειν, von καλαμος, die Angelruthe, nicht eine Angelruthe seyn, sondern sich mit der Angelruthe beschäftigen, damit fischen, oder wie wir im Deutschen den ganz ähnlichen Ausdruck haben, angeln.

So wie man um den Nebenbegriff des Seyns mit einem Verbo verbinden kann, so geht es auch mit den Nebenbegriffen des Bewirkens, der Nachahmung, des Anfangens, der Wiederholung, des Verlangens, der Verkleinerung, der Verstärkung, wodurch die Sprachen ihre Factitiva, Imitativa, Inchoativa, Iterativa, Desiderativa, Deminutiva, und Intensiva erhalten. Keiner der drei zu vergleichenden Sprachen fehlt es ganz an denselben.

selben. Aber die verschiedene Art der Ableitung giebt ihnen in jeder Sprache auch einen sehr verschiedenen Werth.

1) Factitiva welche das Verſezen in einen Zuſtand andeuten; — in dieſen wird das Verbum machen mit ſeinem Erklärungswort verbunden, oder vielmehr zum Verbo erhoben und der Begriff des Machens durch Ableitung damit verknüpft; von roth, wird röthen, von Farbe, färben, von rauchen, räuchern, von ſaugen, ſäugen. Im Griechiſchen iſt dafür die Endungen όω, ύνω, αίνω und bisweilen ζω z. B. δυλόω, ich mache zum Sklaven, ἀγριόω, ich mache wild, θαρσύνω, ich mache muthig, ἰθύνω, ich mache gerade, ἰκμαίνω, ich mache naß, πιγραίνω, ich mache bitter. In dieſer Gattung von Verbis kömmt das Deutſche dem Griechiſchen ſchon näher, als bei der vorigen, und würde demſelben völlig

gleich ſeyn, wenn der Umlaut und die Endung ern noch häufiger zur Bildung dieſer Wörter und beſonders auf Subſtantiva angewandt wäre, oder noch dazu angewandt werden könnte. Denn das Griechiſche hat eine aufferordentliche Menge von Verbis auf όω, deren Stammwörter Subſtantiva ſind, und ſie konnten, wegen des klaren Begriffs, den man mit dieſer Endung verband, immer neue ähnliche Verba bilden. Auch geben ſie ihnen, wie bei der vorigen Art, bisweilen eine elliptiſche Bedeutung, z. B. ϑαλασσόω, nicht ich mache zum Meer, ſondern ich werfe ins Meer. Das Lateiniſche bleibt weit hinter dieſen Sprachen in dieſen Verbis zurück. Denn wenige ſind ſo abge‐ leitet, wie humecto von humidus, ſondern die mehrſten factitiva ſind mit facere zuſammenge‐ ſezt, wie benefacio, calefacio, ædificio.

2) Imi‐

2) *Imitativa* verbinden den Nebenbegriff der Nachahmung oder Aehnlichkeit mit dem Verbo, wie klügeln, vernünfteln, älteln, kälbern, kindern. Im Griechischen ist hier die sehr bedeutungsvolle Endung ζω; πατριάζω, κυνίζω, ἰασπίζω, ἀτ]ικίζω, πλατονίζω. Das Lateinische hat hier blos diese aus dem Griechischen geborgte Endung, entweder mit dem ausdrücklichen Z, welches der griechische Buchstab selbst ist, z. B. platonizo, oder so, daß es in ſſ verwandelt ist, wie patriſſo, græciſſo, atticiſſo. Fremde Ableitungssilben geben aber nie Reichthum an dadurch abgeleiteten Wörtern. Die im Deutschen wenig gewöhnliche Endung enzen ist vielleicht auch aus dieser Quelle wie faulenzen, judenzen, ἰȣδαΐζειν.

3) *Inchoativa* verbinden den Begriff des Gerathens in einen Zustand mit dem Verbo. An diesen ist das Deutsche am ärmsten. Die Endung

Endung ern bildet auch diefe, z. B. Ältern.
Im Griechifchen dient das σκ zum Ausdruck
diefes Begriffs, z. B. γηράσκω, ἡβάσκω,
ἀλδήσκω. Diefe Endung ift auch im Lateinifchen häufig und zwar auf viele ächt römifche
Wörter angewandt. Sie ift alſo wohl nicht,
wie es vielleicht ſcheinen könnte, in ſpätern
Zeiten von den Griechen geborgt, ſondern wahrſcheinlich aus der Quelle, aus welcher Griechen und Römer ſo manches gemeinſchaftlich
beſizen, von den Pelasgern, und ihnen alſo
ſchon in ſehr frühen Zeiten aus Griechenland
mitgetheilt. Beiſpiele von dieſen Verbis ſind:
calefco, maturesco, fenerafco, hifco, lapidefco,
filvefco u. f. w. Aufferdem haben beide Sprachen noch eine Quelle zu dieſen Verbis, welche
aber im Griechifchen viel ergiebiger ift, als im
Lateinifchen und dem Deutſchen ganz fehlt; ihre
Factitiva. Wenn dieſe ins Paſſivum geſezt

(wer-

werden, so entstehen natürlicherweise daraus Inchoativa z. B. ἰκμάζω, humecto, ich benetze, aber ἰκμάζομαι, humector ich werde naß. Da das Deutsche kein eigentliches Passivum hat, so kann es nicht ähnliche Inchoativa haben, sondern muß um diese Begriffe auszudrücken, oft ganz neue Wörter schaffen.

4) Frequentativa haben den Nebenbegriff der Wiederholung; betteln, streicheln, tröpfeln zögern, seigern. An dieser Gattung von Verbis sind die Römer am reichsten, durch die häufig gebrauchten Endungen to und so, und die minder gebräuchlichen xo und co, wie pulso, quasso, lectito, clamito, nexo, vellico, welche meist von Supinis gebildet sind. Das Griechische, behauptet hier nicht, wie sonst, seinen Vorzug. Es hat für diese Verba keine eigenthümliche Ableitungssilbe, sondern borgt sie von den Imitativis, z. B. τροχάζω, cursito- ςεναχίζω, τινάσσω. Doch muß man nicht ver-

vergeſſen, daß die Begriffe der Nachahmung und Wiederholung verwandt und, daher in mehrern Sprachen, nicht blos bei Verbis, ſondern auch bei Nominibus, wie ſelbſt im Deutſchen geſchieht, durch dieſelben Laute bezeichnet werden.

5) *Deſiderativa* haben den Nebenbegriff des Verlangens, wie ſchläfern, lüſtern, männern. Im Griechiſchen die Endungen $\acute{\alpha}\omega$ und $\epsilon\acute{\iota}\omega$; wie $\beta\varrho\omega\sigma\epsilon\acute{\iota}\omega$, $\alpha\gamma o\varrho\alpha\sigma\epsilon\acute{\iota}\omega$, $\pi o\lambda\epsilon\mu\eta\sigma\epsilon\acute{\iota}\omega$, $\beta\alpha\sigma\iota\lambda\epsilon\iota\acute{\alpha}\omega$, $\grave{\omega}\nu\eta\tau\iota\acute{\alpha}\omega$; Im Lateiniſchen die ſtark bezeichnende Ableitungsſilbe urio, emturio, eſurio, coenaturio.

6) *Diminutiva* Verkleinerungsverba, tränkeln, ſpötteln, lächeln. Dieß drükt im Griech. und Lat. das ll und $\lambda\lambda$ vor den Biegungslauten des Verbi aus, wie $\varkappa o\tau\acute{\iota}\lambda\lambda\omega$, $\varkappa\alpha\vartheta\alpha\varrho\acute{\upsilon}\lambda\lambda\omega$, cantillo, ſorbillo.

Dieſe

Diese Nebeneinanderstellung, welche nur das Factum darstellt, wird folgende Bemerkungen, welche sich daraus ziehen lassen, rechtfertigen. Zuerst ist die Armuth an bedeutenden Ableitungssilben im Deutschen und der Reichthum derselben im Lateinischen und besonders im Griechischen auffallend. Diese haben nicht etwa blos für jeden Nebenbegriff, welchen sie mit dem Verbo verbinden, eine Endung, sondern fast immer mehrere, dahingegen alle diese verschiedene Begriffe im Deutschen blos durch ern und ein bezeichnet werden. — Freilich giebt es noch mehrere Ableitungslaute auch im Deutschen, welche Adelung mit Gelehrsamkeit und mit seinem gewöhnlichen Scharfsinn entwickelt hat; ch-en, d-en, f-en l-en, ig-en, m-en, n-en, sch en, f-en, f-eln, t-en, z-en, z-eln. Aber an diese hat der Gebrauch fast keine andre Bedeutung, als Intension geknüpft — bald mehr, bald weniger. Der Gebrauch und

die

die Anwendung derselben fällt in die ältesten Zeiten der Sprache. Für den Sprachforscher ist die Kenntnis derselben wichtig und angenehm, um den Gang, welchen die Sprache bei Bildung ihrer Wörter genommen, aufzuspüren. Sie trugen auch zu ihren Zeiten das Ihrige zur Vermehrung des Wörtervorraths bei, aber sind izt schon seit der Zeit, da die Sprache sich nicht mehr nach dunkeln Begriffen ausbildet, zur Bereicherung unbrauchbar. Sie sind meist bei veralteten Wörtern angewandt, bei welchen also der Sprechende nicht mehr unterscheidet, ob diese Buchstaben zum Stammwort oder zu den Ableitungssilben gehören, nur der gründliche Sprachkenner kann es in manchen Fällen. Wer denkt izt wohl daran, oder fühlt es auch nur dunkel, daß tanzen, mezeln, peitschen, klatschen, quetschen abgeleitete Wörter sind, daß bei ihnen das alte meiden (metere) tanen, batten (franz battre) klaten

klaten (eclater) queten (quatere), zum Grunde lieget. Wer fühlt sich wol versucht, nach dieser Ähnlichkeit andre Wörter zu bilden? — Und wenn auch bei manchen Verbis, deren Stammwörter noch im Gebrauch sind, die Ableitung merkbar und bisweilen unverkennbar ist, so leidet das Stammwort doch eine solche Veränderung, daß auch der kühnste Wörterbilder sie izt nicht mehr zum Muster nehmen wird, noch kann. Stechen und sticheln, fliehen und flüchten, drehen, drillen und drechseln, schneiden und schnizeln, weinen und winseln verhalten sich offenbar als Stammwörter und abgeleitete Verba gegeneinander. Aber wie viele des grossen Haufens fühlen dieß, und wer wagt es wol unter denen, die es merken, ähnliche Wörter nach ihnen zu bilden? Eben weil die Bedeutung dieser Ableitungssilben nicht mehr deutlich erkannt wird, würde ein auf diese Art neugebildetes Wort nicht ver-

G stan-

ſtanden, und. alſo die Abſicht deſſen, der es gebildet hätte, gänzlich verfehlet werden. Die Bedeutungen jener lateiniſchen und griechiſchen Ableitungsſilben hingegen wurden ſo deutlich empfunden, daß man ſie, ſo oft es die Noth erforderte, getroſt anwenden konnte, und ſicher war, verſtanden zu werden. — Selbſt die wenigen Ableitungsſilben im Deutſchen, deren Bedeutungen klärer erkannt werden, ſind bei weitem nicht ſo zu neuen Ableitungen geſchickt, als die Griechiſchen und Lateiniſchen, weil man ſie nicht, wie bei dieſen zur Bezeichnung eines einzigen Begriffs, ſondern ohne Unterſchied zur Bezeichnung aller der vorhin angeführten Begriffe gebraucht hat. So bildet die Silbe ein, Imitativa, Iterativa und Deminutiva, und die Endung ern dient auſſer den Factitivis und Deſiterativis, gleichfalls zur Bezeichnung der Nachahmung und Wiederholung. Nimmt man im Griechiſchen die Verba auf ζω ζω aus, welche die beiden verwandten Begriffe der Nachahmung und Wiederholung bezeichnen, so haben alle übrigen nur eine einzige bestimmte Bedeutung. Was nun aber den Begriff der deutschen Ableitungssilben noch mehr verdunkelt, ist, daß in vielen Verbis, welche sich auf eln und ern endigen, das el und er nicht Ableitungssilbe ist, sondern zum Stammwort gehört und also auch ganz andre Begriffe erweckt; z. B. angeln, nageln, tadeln, ankern, zukern. Dieser Fall kann im Griechischen und Lateinischen nicht statt finden, als höchstens bei den Verbis auf έω und άω, wo aber doch auch leicht der Unterschied in die Augen fällt; sondern jedes Verbum mit den Endungen εύω, όω, ύνω, αίνω, ζω, σκω, είω, ίλλω, ύλλω und im Lateinischen mit sso, sco, urio, illo, u. s. w. sind unfehlbar abgeleitet. Daher rührt auch die Deutlichkeit und Klarheit

G 2   dieser

dieser Ableitungssilben in den beiden alten Sprachen.

Aber unsre Vorsilben — was für neue Wörter bilden die nicht? — Was können wir nicht vermittelst unsers ent, er, ver, zer, be, für philosophische und poetische Begriffe zusammensezen? Welche Sprache kömmt der Deutschen hierinn gleich? — So declamirt man oft über die Bildungskraft unsrer Muttersprache, aber ich fürchte, nicht ganz nach deutlichen Begriffen. — Daß sie ein fürtrefliches Hülfsmittel für unsre Sprache zur Bildung neuer Wörter sind, wer wird das läugnen? — Ohne sie würden wir noch weiter hinter den beiden andern Sprachen zurück bleiben. Aber müssen denn andre Sprachen gleich ihr deswegen nicht beikommen, wenn sie nicht ganz dasselbe Hülfsmittel anwenden? Ist es nicht genug und eben so gut, wenn sie ihre

Mittel,

Mittel, Wörter zu bilden, gehörig gebrauchen und dadurch dieselben Begriffe, wie wir, ausdrücken. Ja verdienen sie nicht so gar den Vorzug, wenn ihre Mittel, wodurch sie denselben Zweck erreichen, noch anwendbarer, noch natürlicher, noch kürzer sind? Und dieß wird sich vielleicht einleuchtend genug zeigen, wenn man folgende Puncte erwägt:

1) Diese Vorsilben sind oft ein Mittel, factitiva zu bilden, z. B. verringern, verblenden; ist dieß nun besser, als wenn man im Griechischen sagt $\dot{\epsilon}\lambda\alpha\tau\tau\acute{o}\epsilon\iota\nu$, $\dot{\epsilon}\kappa\tau\upsilon\phi\lambda\tilde{\epsilon}\nu$, im Lateinischen diminuere, excoecare, wo diese ihre Präposition, jene ihre bestimmte Ableitungssilbe haben? — Dazu haben beide den Vortheil, durch Versezung dieses Worts ins Passivum das Gerathen in einen Zustand ausdrücken zu können, wo wir schon ein andres neues Verbum haben müssen; $\dot{\epsilon}\lambda\alpha\tau\tau o\tilde{\upsilon}\sigma\vartheta\alpha\iota$, diminui

diminui abnehmen, ἐκτυφλᾶσϑαι, excoecari blind werden, verblinden, ἀποσβεννῦσϑαι, verlöschen, ἀποπλανᾶσϑαι, verirren, ἀπαγριᾶσϑαι, verwildern. Sie erſezen hier alſo nur einigermaſſen den Mangel an Ableitungsſilben und des Paſſivi. Denn ſie reichen bei weitem nicht hin, den Reichthum der griechiſchen Verborum auf όω, ύνω, αίνω, ζω zu erſchöpfen.

2) Was ſind dieſe Vorſilben anders, als alte auſſer der Zuſammenſezung nicht mehr gebräuchliche Präpoſitionen? Wenn nun die Alten ihre Präpoſitionen auch zur Zuſammenſezung brauchten und daſſelbe damit ausdrückten, kamen ſie dann nicht eben ſo weit damit, oder giebt das Veraltete den deutſchen Vorſilben ihren Werth? Ich ſollte glauben, dieß verringerte ihn. Je weniger ein Wort im Gebrauch iſt, deſto dunkler wird deſſen Bedeutung,

deutung, wie denn auch wirklich die Vorsilben
keinen so deutlichen Begriff erwecken, als die
noch gebräuchlichen Präpositionen. — Aber
vielleicht drücken diese Vorsilben etwas aus,
was sich durch keine griechische und lateinische
Partikel geben läßt? — Wir wollen sehen. —
Eine kurze Vergleichung wird es zeigen. Ich
werde aber der Kürze wegen einige nicht müh-
sam gesuchte Beispiele neben die deutschen Vorsilben, nach ihren hauptsächlichsten Bedeutungen geordnet, hinstellen, und dann wird es
hoffentlich einleuchtend werden, daß es weder
den Griechen noch den Römern, an dem Ausdruck dieser Begriffe fehle.

Zer

zerbrechen,	καταθραύειν,	diffringere.
zerreissen,	διασπᾶσθαι,	discindere.
zertreten,	καταπατεῖν,	conculcare.

Be

benagen,	περιτρώγειν,	arrodere.
beschirmen,	ὑπερασπίζειν,	propugnare.
bekräftigen,	διισχυρίζεσθαι	adfirmare,
beweinen,	ἀνακλαίειν,	deflere,
begegnen,	συναντᾶν,	occurrere.
benezen,	καταβρέχειν,	madefacere.
besichtigen,	ἐπισκέπτεσθαι,	invisere.

Ver

verwerfen,	ἀποβάλλειν,	rejicere,
verschütten,	διεκχέειν,	effundere.
verhindern,	διακωλύειν,	impedire.
vergraben,	κατορύττειν,	defodere.
verbrennen,	καταφλέγειν,	comburere.
versezen,	μετατίθεσθαι,	transponere.
verfluchen,	καταρᾶσθαι,	exsecrari.
verbannen,	ἀποικοδομεῖν,	obstruere.
verschlingen,	καταπίνειν,	deglutire.
verbieten,	ἀπαγορεύειν,	interdicere.
verändern,	μεταβάλλειν,	commutare.

verlachen,

verlachen,	διαγελᾶν,	irridere.
verflechten,	ἐμπλέκειν,	implicare.
verharren,	ἐμμένειν,	immanere.

Ent und Emp.

entsagen,	ἀπειπεῖν,	renunciare.
entblößen,	ἀπογυμνῶν,	denudare.
entfliehen,	ἐκ ſ. διαφεύγειν,	effugere.

Er

ernenuen,	ἀναγορεύειν,	denominare.
erfüllen,	ἀναπλήθειν,	implere.
eröfnen,	ἀνοίγειν,	aperire.
ergreifen,	ἐπιλαμβάνειν,	affequi.
ersticken,	ἀποπνίγειν,	suffocare.
erdichten,	ἀναπλάσσειν,	effingere.
erneuern,	ἀνανεᾶσθαι,	renovare.
erlernen,	ἐκμανθάνειν,	edifcere.

Hiemit leugne ich nun nicht, daß man im Deutſchen keine Verba auftreiben könne, wofür man im Griechiſchen und Lateiniſchen kein ganz daſſelbe erſchöpfendes Wort habe. Dieß wird

wird auch niemand, der das Wesen verschiedener Sprachen kennt, zum Einwurf gegen meine Behauptung machen. Denn jede Sprache,
auch die ärmste, hat ihre Wörter, deren Begriff kein Ausdruck einer andern Sprache ganz
erschöpfen kann. Hier kommt es nur darauf
an, zu zeigen, daß die Alten durch ihre Präpositionen die gewöhnlichen Bedeutungen unsrer
Vorsilben ausdrücken und erreichen können.
Und können sie dieß, so hat das Deutsche sich
derselben nicht, als eines besondern Vorzuges,
zu rühmen, vielmehr verdient ihn die Sprache
welche sich zu diesem Zweck Wörter bedient,
die noch einen klärern Begriff geben, als es
diese veralterten Präpositionen können. Zudem müssen die wenigen deutschen Vorsilben
zur Bezeichnung vieler verschiedener Begriffe
dienen, wo die Alten unter ihrer Menge von
Präpositionen immer die angemessene wählen
konnten, wie aus den angeführten Beispielen
hinreichend erhellet. Uebri-

Uebrigens hat man ein ziemlich sinnliches Mittel, den Reichthum verschiedener Sprachen an Verbis, wenigstens dem Augenmaaß nach, zu beurtheilen. Weil nemlich jedes vollständige Verbum sich durch ein unvollständiges Verbum, wie seyn, werden u. s. w. auflösen läßt, indem man ein Substantivum, Beschaffenheitswort oder Infinitivum hinzusezt, so wird es beim Uebersezen aus einer Sprache in die andre gleich auffallend, wenn man auf diese Weise umschreiben muß. Je mehr man sich dazu gezwungen sieht, desto ärmer ist die Sprache natürlich an dergleichen Verbis. Wer nun mit solchen Uebersezungen zwischen diesen drei Sprachen Versuche angestellt hat, der wird wissen, wie oft ein lateinisches, und wie viel öfterer noch ein griechisches Verbum umschrieben werden muß, wie viel seltner aber umgekehrt der Fall ist, und auch dann geschieht es nicht immer aus Noth und Man-

gel

gel der Sprache, sondern mehr aus Liebe zur Eleganz.

Im ganzen genommen ist also die Ableitung ein fürtrefliches Mittel zur Sprachbereicherung. Durch sie wachsen wenige Hunderte von Stammwörtern zu Tausenden an, indem man durch bestimmte Laute einen Nebenbegriff mit dem Wort verbindet. Ihr haben auch manche Sprachen ihren ganzen Reichthum einzig zu verdanken, wie die morgenländischen und das Lateinische. Denn diese haben den andern Weg, welchen andre Sprachen dabei eingeschlagen sind, sich durch Zusammensezung aus ihrem eignen Schaz von Wörtern neue zu bilden, so gut wie gar nicht oder doch äusserst selten betreten. Das Deutsche und Griechische streiten auch in diesem Stück um den Preis. — Der Unterschied zwischen Ableitung und Zusammensezung besteht darin, daß durch jene einige,

einige, der Zal nach immer nur wenige, Nebenbegriffe mit einem Wort durch einen geringen von dem Gebrauch bestimmten Zusaz gebildet werden, an welchem man, für sich allein genommen, keine Bedeutung bemerkt und den man auch als kein eignes Wort erkennt. Durch Zusammensezung hingegen werden mehrere wirkliche Wörter, deren Bedeutung, auch wenn sie von einander getrennt sind und einzeln für sich stehen, noch deutlich ist, zu einem Wort vereiniget. Hierin besteht, meinem Bedünken nach, das Wesen der Zusammensezung, und ich kann mich nicht entschliessen es mit Adelung (Lehrgeb. Th. II. S. 212.) blos in der völligen Klarheit des Begriffs zu sezen. Nach ihm unterscheidet sich Biegung, Ableitung und Zusammensezung so: Biegung bezeichnet ein Verhältnis durch eine nus izt völlig dunkeln Wurzellaut. Ableitung knüpft einen Nebenbegriff an das Wort durch einen Wurzellaut,

dessen

deſſen Begriff oft gleichfalls nur dunkel gedacht werden kann, aber doch ſchon einen beträchtlichen Grad der Klarheit hat. Bei der Zuſammenſetzung iſt der Begriff völlig klar. — Allein mich dünkt, die gröſſere oder geringere Klarheit des Begriffs iſt nicht das, was den weſentlichen Unterſchied der Zuſammenſezung und Ableitung ausmacht, ſondern nur eine Eigenſchaft und Folge, welche jede Art der Wortbildung mit ſich führt. Aus dem oben feſtgeſezten Begriff ergiebt ſich auch, weswegen man die Vorſilben ver, zer, ent, und die Nachſilben inn, haft, ſchaft, heit, keit, mit allem Recht zur Ableitnng rechnen kann. Denn niemand ſieht ſie für ſich genommen als wirkliche Wörter an und weiß auch keinen Begriff damit zu verbinden. In alten Zeiten, als man ſie wahrſcheinlich noch wie für ſich beſtehende Wörter brauchte, machten ſie mit den Wörtern, welche man durch ſie bildete, auch wahre Zu-

ſammen-

ſammenſezungen aus, wie noch viele Silben mehr, welche man izt ohne Bedenken zur Zuſammenſezung rechnet. Sollte z. B. die Präpoſition durch als für ſich beſtehendes Wort auſſer Gebrauch kommen, blos in zuſammengeſezten Wörtern üblich bleiben, und dabei noch wol Veränderungen leiden, wie es bei jenen Wörtern wahrſcheinlich iſt, ſo würde man ſie in Zukunft, wenn man gleichſam ſchon vergeſſen hat, daß ſie je ein eignes Wort war, eben ſo, wie jene, blos als Ableitungsſilbe betrachten müſſen. So lange ſie aber noch unverändert bliebe, oder man ſie noch als ein wirkliches, nur veraltetes Wort, anſähe, würde ſie eine Art von unvollkommner Zuſammenſezung machen. wie in allen Sprachen die ſogenannten unabtrennbaren Particteln in uralt, erzdumm mismüthig, *di*ſpar, displacet, ἀρίγνωτος, δυσώδης, ζαχρειος *) u. ſ. w.

Ablei-

*) Dieß ζα war in alten Zeiten wahrſcheinlich auch

Ableitung erſtreckt ſich alſo nur auf eine eingeſchränkte Anzahl von Begriffen, welche durch ihre häufige Verbindung mit den Stammwörtern einer Sprache die Ausdrücke vervielfältigen. Zuſammenſezung dehnt ſich auf alle Wörter einer Sprache aus, von welchen mehrere in ein Wort verbunden werden können, ſo bald ſie zuſammengenommen nur einen Begriff erwecken ſollen, doch ſo, daß die Einſchränkungen, welche die Geſeze der Sprache und der Wolklang verurſachen, nicht verlezet werden. Dieß iſt alſo ein ſehr fruchtbares Mittel zur Bereicherung derjenigen Sprache,

die eine Präpoſition und nichts anders, als $\delta\iota\alpha$. Man ſprach das δ zu Plato's Zeiten oft wie ζ aus; und ſo findet man viele Wörter, wie $\delta\iota\acute{\alpha}\varphi o\iota\nu o\varsigma$, $\delta\acute{\alpha}\varphi o\iota\nu o\varsigma$, $\zeta\acute{\alpha}\varphi o\iota\nu o\varsigma$, die ganz daſſelbe bedeuten. Beiſpiele davon hat Spanheim beim Callimach, Hymn. in Dianam, V. 97. geſammelt.

die sich deſſen hinlänglich bedienen kann und will. Die Lateiniſche bleibt am weiteſten im Gebrauch deſſelben hinter dem Griechiſchen und Deutſchen zurück, ſo daß ſie kaum eine Vergleichung mit dieſen Sprachen verſtattet. Die Zuſammenſezung aller Gattungen von Wörtern mit Präpoſitionen iſt das Einzige, worin ſie ihnen nicht blos ähnlich, ſondern auch wegen der häufigen Anwendung wirklich gleich zu ſchäzen iſt. Auch von Zuſammenſezungen mit andern Redetheilen hat das Lateiniſche einzelne Beiſpiele aufzuweiſen, und zum Theil ſolche, welche mit der Kühnheit des Griechiſchen gebildet ſind und deutliche Spuren der Nachahmung deſſelben an ſich tragen; z. B. aurifodina, agricola, fidicen, artifex, armiger, homicida, noctambulus, aedificium, falſiloquentia, capriſicus, gracilipes, bifrons, grandiloquus, aedifico, benefacio, calefacio. Solche Wörter aber, wie paterfamilias, materfamilias kann man gar nicht

H als

als Zusammensezungen ansehen, weil das Bestimmungswort, pater, mater, durch alle Casus gebogen wird. Was aber das Lateinische in dieser Rücksicht einschränkt ist, daß es nicht leicht schon sonst gewöhnliche Substantiva und Adjectiva mit andern zusammensezt, wodurch gerade die Griechen und Deutschen sich einen solchen Reichthum von Wörtern schaffen, sondern es leitet die zusammengesezten Nomina von andern schon gebräuchlichen zusammengesezten Verbis ab, wie ædificium von ædificare. Aber bei der geringen Anzahl von solchen Verbis muß nothwendig die Menge solcher Nominum noch unbeträchtlicher seyn. Der andre etwas häufiger betretene Weg ist, Ableitung mit Zusammensezung zu verbinden, so daß das einfache Verbum ein Nomen giebt, welches aber als einfaches Wort nicht gebräuchlich, sondern blos zum Behuf der Zusammensezung abgeleitet worden ist, wie agricola, fidicen,

cen, artifex, lucifugus u. ſ. w. Aber auch dieſe Quelle iſt nicht ergiebig, weil nur wenige Verba ſich ſo gebrauchen laſſen, welche man auch mit geringer Mühe aufzählen könnte, wenn nicht ſchon jeder, der nur einige Kenntnis dieſer Sprache beſizt, ohnedas davon überzeugt ſeyn müſte. Frägt man aber nach der Urſache, weswegen das Lateiniſche hier ſo auffallend hinter dem Griechiſchen und Deutſchen zurück bleibt, ſo mag zum Theil die Urſache darin liegen, daß es nicht mit der Leichtigkeit zuſammengeſezte Wörter bilden kann, als jene Sprachen. Dieſe können ihren Wörtern andre, welche ſie wollen, vorſezen, ohne ſie beſonders zu verändern, und zwar im Griechiſchen durch alle Caſus obliquos, wo nur mehrentheils der lezte Conſonant oder Vocal weggelaſſen wird, wenn das lezte Wort ſich auch damit anfangen ſollte, um die Zuſammenkunft zu vieler Conſonanten oder Vocale zu vermelden z. E. διας-

διοςκῦροι, μελανοδοχεῖον, λεοντοκέφαλος. In πυριγενης, νυκτίκοραξ ist der Dativ ganz unverändert; in ἑαυτοντιμωρύμενος, πολεμοποιέω der Accuſativ. Und wie unverändert erſcheinen nicht die deutſchen Compoſita, Gott ähnlich, Himmelsglück, dunkelgrün u. dergl. Das Lateiniſche iſt hier viel eigenſinniger. Alle Nomina, welche mit andern Nominibus oder Verbis zuſammengeſezt werden, müſſen Genitivi ſeyn, oder wenigſtens das Wort ſich auf i endigen und alſo das Anſehen eines Genitivi gewinnen, wie agricola, falſidicus, ædifico, fidicen, armiger. Oft, wenn das Wort zu lang würde, wird es noch um eine Silbe abgekürzt, wie in homicida für hominicida. Daß dieß der Bildung zuſammengeſezter Wörter hinderlich ſey iſt in die Augen fallend, weil ein ſolches Wort zu ſehr verſtümmelt und unkenntlich wird, oder auch oft der Wolklang
dieſe

diese beinahe einzige Art der Zusammensezung nicht erlaubt. Denn selten findet man zusammengesezte Wörter, wie arcubalista, noctambulus, wo das erste sich nicht auf i endigen sollte. Doch scheint das vornehmste Hinderniß im Lateinischen bloß zu seyn, daß das Gehör der Römer nicht früh genug an Zusammensezung gewöhnt ist. Denn hierauf kommt es hauptsächlich an. Bei der ersten Ausbildung einer Sprache, läßt sich mehrentheils noch alles aus ihr machen, wenn hier nicht der Zufall zu sehr regierte, und die Sprache nicht gerade dann in den Händen solcher Bearbeiter wäre, welche ihren wahren Vortheil selten verstehen. Diese sind blos das Volk selbst, welches die Sprache schaft und nach dunkel empfundenen Aehnlichkeiten ausbildet. Hat aber eine Sprache erst eine gewisse Bildung und Festigkeit, so hat der Bearbeiter, der ihr auch gern die Vortheile andrer Sprachen zu eigen machen möch-

möchte, schon gebundene Hände. Er muß dann schon zu sehr auf die Analogie und einen vielleicht eingebildeten Wolklang sehen. Hat eine Sprache in diesem Zeitpunct nicht schon zusammengesezte Wörter, wird sie sich dieselben schwer aufbringen lassen. Denn hier bindet die höchst mögliche Verständlichkeit, das erste Gesez in allen Sprachen, den, welcher dergleichen Zusammensezungen wagen wollte. Denn es ist offenbar schwer, Begriffe welche man sich als getrennt gedacht hat, nur als ein einziges unzertrenntes Ding vorzustellen. Nur Uebung und Gewohnheit erleichtern es. Wenn also ein Volk nicht an zusammengesezte Wörter gewöhnt ist, so sind sie ihm eben so unverständlich und klingen ihm eben so rauh und barbarisch, als angenehm, deutlich und darstellend sie einem schon daran gewöhnten und durch viele Beispiele geübten Volk sind.

Wer

Wer nur wenig im Deutſchen und Lateiniſchen geleſen hat, oder nur die Wörterbücher dieſer Sprachen vergleichen will, muß es zugeben, daß man gar nicht fragen könne, welcher von den beiden Sprachen in Anſehung der Zuſammenſezung der Vorzug gebühre. Er wird ohne Bedenken dem Deutſchen den Preis zuerkennen. Nur das Griechiſche und Deutſche können hier concurriren; jenes die reichſte Sprache an Zuſammenſezungen unter den ältern, dieſes unter den neuern, wenn man einige mit dem Deutſchen verwandte Sprachen, wie das Holländiſche, ausnimmt, welche auch hierin die Merkmale der Blutsfreundſchaft mit ihr an ſich tragen. Um nun die Vorzüge, welche das Griechiſche und Deutſche in dieſer Rückſicht beſizt, beurtheilen zu können, müſſen wir vor allen Dingen die Geſeze erwegen, welche die Völker, deren Sprachen ſie ſind, dunkel dabei befolgten. Und dieß iſt um deſto noth=

nothwendiger, da jedes derſelben ganz verſchiedene und ihm eigne Grundſäze vor Augen hatte, welche jedem auch eigne und beſondere Vortheile gewähren.

Im Deutſchen iſt die Grundregel, welche man befolgt, dieſe: Es werden zwei Wörter, wovon das erſte den allgemeinen Begriff des leztern näher beſtimmt und einſchränkt, zu einem Wort verbunden. Dieß giebt dieſer Methode auf der einen Seite ohnleugbar Deutlichkeit, Beſtimmtheit und Feſtigkeit, aber auf der andern Seite wird auch dadurch der Gebrauch derſelben eingeſchränkt. Das Griechiſche hat gerade die entgegengeſezten Grundſäze; es ſezt drei und mehrere Wörter zuſammen; jeder Theil, ſowol der beſtimmende als beſtimmte beobachten nicht immer eine Stelle und endlich ſchränkt nicht immer das eine Wort das andre ein, ſondern beide werden zuſammen-

ge-

gestellt und als ein Ganzes betrachtet. Hiedurch erhält diese Sprache auf der einen Seite viel Freiheit in der Zusammensezung, welche für den Reichthum derselben vortheilhaft ist, aber auf der andern Seite verliehrt sie auch oft an Deutlichkeit und Bestimmtheit, so daß man nicht, wie im Deutschen, die Bedeutung jedes zusammengesezten Worts gleichsam auf den ersten Blick errathen kann, sondern erst nachsehen muß, welchen Begriff der Gebrauch damit verbunden hat. Wenigstens sind der dunkel oder schwankend sich bestimmenden Wörter im Deutschen gewiß weniger, als im Griechischen, und manche von denen, welche sich in jener noch finden, sind nach diesen geformt, z. E. beidlebig nach $\dot{\alpha}\mu\varphi i\beta \iota o\varsigma$, Augendienst nach $\dot{o}\varphi\vartheta\alpha\lambda\mu o\delta s\lambda\varepsilon i\alpha$. — Was hier im allgemeinen behauptet wird, wird in der Anwendung auf die einzelnen Redetheile hoffentlich deutlicher und völlig einleuchtend werden.

Bei den Substantivis folgt das Griechische grossentheils den deutschen Grundsäzen der Zusammensezung und bedient sich seltner seiner ihm eigenthümlichen Freiheit. Die Wörter ἱππιατρός, κτηνιατρός, κρεωστάθμη, νομοδιδάσκαλος, δραματοποιός, γαλακτοπότης, μεγαθυμία, ὀδονταλγία, αὐτοφιλία sind in ihrer Bildung völlig gleich mit den Deutschen Roßarzt, Vieharzt, Fleischwaage Rechtslehrer, Schauspieler, Milchtrinker, Großmuth, Zahnschmerz, Selbstliebe. In beiden ist der lezte Theil immer ein allgemeiner Klassennahme, welcher durch das erste Wort näher eingeschränkt oder individueller gemacht wird. Bisweilen aber bedient sich das Griechische seiner grössern Freiheit und verbindet Wörter, wovon das eine nicht das andre individualisirt, sondern welche beide zusammengenommen ein Ganzes ausmachen. Es sind also im Grunde nebeneinander gestellte Begriffe, wel-

welche man durch und verbinden sollte, z. B. ψυχθήμερον, die Zeit des Tages und der Nacht zusammengenommen, also eigentlich Tag und Nacht; γύανδρος Mann und Weib zugleich, also ein Zwitter. Da nun hier kein Begriff den andern eingeschränkt, sondern beide nur nebeneinander gestellt und zu einem Ganzen verbunden sind, so ist die natürliche Folge, daß es ganz gleichgültig ist, welchen Begriff ich zuerst denken, oder wie ich beide neben einander stellen will. Man sagt deswegen auch eben so gut ἡμερονύκτιον und ἀνδρόγυνος. Und hätten wir solche Arten von Zusammensetzungen, welche sich durch eine Conjunction suppliren ließen, so würde es auch im Deutschen angehen. Könnten wir Tagnacht und Mannweib sagen, so wäre Nachttag und Weibmann eben so erlaubt. — Dieser Umstand erklärt auch den zweiten merkwürdigen Unterschied, daß die Griechen, der Deutlichkeit unbeschadet,

mehr

mehr als zwei Wörter zusammensezen können. Scheinbar sezt zwar auch das Deutsche mehr als zwei Wörter zusammen, aber sie müssen sehr deutlich in zwei Theile zerfallen, wenn sie noch deutlich bleiben sollen, wie Hauptdruckfehler, Krongroßfeldherr. Und wenn auch bisweilen Wörter gebraucht werden, wo man die beiden Theile nicht sogleich deutlich unterscheiden kann, so fühlt doch ein jeder daß dergleichen Wörter fehlerhaft gebildet sind, wie z. B. bei Reichtagsgerichtsurtheil, wo es nicht gleich auffällt, ob Reichstag oder Reichstagsgericht das bestimmende Wort seyn soll. — So fehlerhaft aber auch die zusammengesezten Wörter sind, welche sich bisweilen blicken lassen, so findet man doch nicht leicht solche, welche man durch und suppliren muß. Wer auch eine noch so geringe deutliche Kenntniß seiner Mutersprache besizt und nur noch einiges Gefühl hat, empfindet es doch gleich, daß

daß diese Art von Zusammensezungen dem Geist derselben gänzlich widersprechen. Dem Griechischen aber ist sie eigen und dadurch bildet es Wörter, welche sich in mehrere Theile, als zwei, auflösen lassen, oder wo mehrere Wörter, welche durch und suppliret werden, das Grundwort bestimmen; z. B. αἱματο φλιβοί-ςασις, βατραχομυομαχία. Dieß ist gerade, als wenn man im Deutschen, wiewol fehlerhaft, Goldsilberbergwerk sagt, für Gold- und Silberbergwerk. Eben so ist das griech. βατραχομυομαχία sehr undeutsch durch Froschmausekrieg übersezt, für Frosch- und Mausekrieg. — So vortheilhaft es aber auch ist, eine Sache mit ihren Eigenschaften und Bestimmungen auch als eins in einem Wort ausdrücken zu können, so hat dieß doch seine Grenzen, weil der menschliche Geist viele zusammengesezte Bestimmungen nicht auf einmal faßt,

faßt, sondern sie sich dann lieber theilweise nach einander deutlich, als auf einmal und verworren, vorstellt. Daher kann ein zusammengeseztes Wort auch nicht aus sehr vielen Wörtern bestehen. Selbst die Griechen, welche doch an der Kraft, sich ein Ding mit allen seinen Bestimmungen zugleich vorzustellen und es mit einem Wort auszudrücken, alle bekannte Völker übertreffen, bedienten sich nicht häufig solcher aus mehrern Theilen bestehenden Wörter. Und wenn man gleich als einen Beweis der Geschmeidigkeit dieser Sprache das zusammengesezte Wort von 28 Wörtern und 72 Silben beim Aristophanes, anführen kann, so muß man auch nicht vergessen zu bemerken, daß es ein komischer Dichter gebraucht, und daß schwerlich irgend ein Grieche einen nur einigermassen klaren Begriff damit verbinden konnte. — Aus den vorhin angeführten Beispielen erhellt, daß so wol Deutsche als Griechen

chen Substantiva mit andern Substantivis, oder Adjectivis, oder Pronominibus zusammensezen können; und diese Quellen sind mit keinem merklichen Unterschied benuzt. Aber eine andre Quelle, aus welcher der Deutsche so reichlich schöpft, hat der Grieche fast ganz ungebraucht gelassen, nemlich ein Substantiv durch ein Verbum zu bestimmen. Wörter wie Schreibpapier, Trinkgeld, Brennspiegel, Spieluhr, kann man im Griechischen gar nicht machen. — Wenn noch Substantiva mit Verbis zusammengesezt sind, so sind es Abstracta, und zwar von schon zusammengesezten Adjectivis abgeleitete Abstracta, z. B. μνησικακια, χαιρεκακια, λιπημερια, μεμψιμοιρια und auch diese sind nicht häufig. Aber von merklich schon ausser der Zusammensezung üblichen Substantivis mit Verbis zusammengesezt weiß ich mir auch nicht eines einzigen Beispiels zu erinnern. Dieß giebt den zusammengesezten

Subs

Substantivis im Deutschen ein Uebergewicht, welches im Griechischen die bei weitem nicht so zalreichen drei oder mehrtheiligen oder durch Auslaſſung des und gebildeten Wörter nicht aufheben können.

Weit abweichender vom Deutschen ist die Zusammenſezung der griechiſchen Adjective. Hier bedient ſich das Griechiſche ganz ſeiner Freiheit, das, was wir als Beſtimmungswort denken würden, nicht immer voran zu ſezen. Die Urſache davon liegt wol in der groſſen Leichtigkeit, mit welcher es ſeine Adjectiva bildet. Es iſt nicht genug, daß es die ſchon üblichen Adjectiva mit andern Redetheilen zuſammenſezt; es kann auch mit der größten Leichtigkeit von Verbis und Subſtantivis recht eigentlich zum Behuf der Zuſammenſezung Adjectiva prägen, welche auſſer derſelben unbrauchbar ſind. Etwas Aehnliches haben

haben wir an der Silbe ig vermittelst welcher wir z. B. einäugig, großköpfig, kaltblütig, sagen, obgleich äugig, blütig, köpfig, nicht üblich ist. Durch ein ähnliches Mittel können die Griechen jedes Substantivum oder Verbum, so bald sie deffen zur Zusammensezung benöthigt sind, zum Adjectivo erheben. Bei den Substantivis braucht man die Endungen ος, und ης, welche der Wurzel derselben ohne Umstände angehängt werden. So sagt man $\pi\alpha\nu\sigma\omega\delta\nu\nu\circ\varsigma$, $\lambda\iota\pi\eta\mu\epsilon\rho\circ\varsigma$, $\mu\epsilon\mu\psi\iota\mu\circ\iota-\rho\circ\varsigma$, $\epsilon\upsilon\zeta\omega\nu\circ\varsigma$, $\phi\upsilon\sigma\iota\zeta\circ\circ\varsigma$, $\kappa\alpha\kappa\circ\eta\vartheta\eta\varsigma$, obgleich alle diese Adjectiva auffer der Zusammensezung nicht vorkommen. Trift es sich nun, daß das Substantivum auch gerade diese Endung hat, so behalten sie es unverändert bei, wie $\eta\delta\upsilon\kappa\alpha\rho\pi\circ\varsigma$, $\lambda\epsilon\upsilon\kappa\circ\kappa\alpha\rho\pi\circ\varsigma$, $\mu\iota\sigma\circ\vartheta\epsilon\circ\varsigma$, $\epsilon\vartheta\epsilon\lambda\circ\kappa\alpha\kappa\circ\varsigma$, $\rho\iota\psi\circ\kappa\iota\nu-\delta\upsilon\nu\circ\varsigma$, wo die einfachen Grundwörter Substantive sind, und in der Zusammensezung gleich als Adjective

gebraucht

gebraucht werden. Ja dieß geht so weit, daß jedes Substantivum, wenn es nicht bequem die Endungen des Adjectivs annehmen kann, oder vielmehr wenn es nach der dritten Declination geht und also keine Biegungssilbe für den Nominativum hat, blos durch die Zusammensezung zum Adjectivo erhoben wird, z. B. $\delta\acute{\alpha}\sigma\upsilon\vartheta\rho\iota\xi$, $\chi\alpha\lambda\kappa\acute{o}\vartheta\omega\rho\alpha\xi$, $\beta\alpha\vartheta\upsilon\kappa\rho\eta\pi\grave{\iota}\varsigma$, $\mu o\nu\acute{o}\chi\epsilon\iota\rho$, $\acute{\epsilon}\lambda\kappa\epsilon\chi\acute{\iota}\tau\omega\nu$, $\sigma\omega\sigma\acute{\upsilon}\pi o\lambda\iota\varsigma$. Dieß ist die wirklich kühne Art von Zusammensezung, welche die Römer bisweilen nachahmen, wie in gracilipes, bifrons. Doch ist auch nicht zu leugnen, daß sie gerade diejenige ist, welche man am mehrsten zu tadeln geneigt seyn könnte. Denn alle dergleichen Wörter tragen kein Merkzeichen an sich, wodurch man sie auf den ersten Anblick von Substantivis unterscheiden kann, welches doch eigentlich seyn müste. — Den Verbis, wenn sie thätig gebraucht werden, dient gleichfalls die Silbe $o\varsigma$ und $\eta\varsigma$, um die

Kraft

Kraft der Adjective zu erhalten, wie ἀσπιδȣ̃χος, γαλακτȣ̃χος; λιθοβόλος, λυσιμελὴς, φρενοθελγὴς. — Dieſer Mangel an dergleichen verbaliſchen Adjectivis im Deutſchen wird einigermaſſen durch das Participium erſezt, welches auch die Zuſammenſezung mit Subſtantivis leidet, die beim Verbo ſelbſt nicht ſtatt fand. So ſagt man ein fleiſchfreſſendes Thier, obgleich nicht ich fleiſchfreſſe; die geſezgebende Macht, aber nicht ich geſezgebe. Doch iſt auch dieß viel eingeſchränkter, als im Griechiſchen. Und dennoch übertrifft es das Deutſche noch mehr, wenn das Verbum in der leidenden Bedeutung gebraucht wird, wo es ſich der Endungen τος, ος, ης und ως bedient; κεφαλόθλαςος, ἀνδρόκτονος, σιδηρόκμὴς, χειρόκμητος, ἀνδρόβρως, θηρόβρωςος, λιθόβλητος, welche wir im Deutſchen, ohne unſrer Sprache Gewalt anzuthun, nicht nach-

nachahmen können. Denn Wörter, wie blumenbekränzt, goldbesezt, welche man bisweilen von solchen, welche das Griechische nachahmen wolten, hört, haben noch nicht das Bürgerrecht erhalten, und die strengere Kritik verwirft sie. Aus den angeführten Beispielen sieht man auch, daß die Griechen weit mehr Begriffe durch ihr zusammengeseztes Adjectiv ausdrücken können, als die Deutschen, wie z. B. das Werkzeug, womit, den Ort, wo etwas geschieht, σιδηροκμης, κεφαλόθλασος, ἡλιόκαυσος. — Da sie nun aber das Verbum und Substantivum gleich leicht zum Adjectivo erheben und sie beide so wol voran als zulezt stehen können, so giebt es viele Wörter, bei welchen bieß völlig gleichgültig ist; so bedeuten ποδώκυς, φίλανδρος, φιλογυνής, φιλόθεος, φιλόπαις, φερένικος, θελξίφρων ganz dasselbe, was, ὠκύπυς, ἀνδράφιλος,

φίλος, γυναικόφιλος, θεόφιλος, παιδό-
φιλος, νικήφορος, φρενοθελγής, gerade als
wenn wir im Deutſchen ſtatt fruchtbringend,
ſchnellfüſſig, auch ſagen könnten, bringfruch=
tig, fußſchnell gleichſam ſchnell zu Fuß.
Nur bisweilen hat der Gebrauch hier einen
Unterſchied gemacht, wie φιλόμισος einer, der
die Freunde haſſet, und μισοφιλος einer, der
den Haß liebet. Sonſt hat es noch eine Menge von zuſammengeſezten Wörtern, wo das
Verbum voran ſteht, welches wir den lezten
Theil ſeyn laſſen würden, z. B. ἀλεξίκακος,
φερέζωος, ἑλκεσίπεπλος, ὠλεσίκαρπος,
μνησίκακος, ἐρασιχρήματος, und unzählige andre mehr. Dieß rührt eben daher, weil es dem
Griechiſ. gleich leicht iſt, ob es das Verbum oder
das Subſtantivum zum Adjectivo machen, ob es
θελξίφρων oder φρενοθελγής ſagen will. —

Ueberdas kann es auch Adjectiva, gleich den Substantivis, aus mehr, als zwei Wörtern zusammensezen, so, daß der eine Theil durch und supplirt wird, z. B. μικροκαμπυλαύχην nicht krummkurzhalſig, ſondern krumm= und kurzhalſig.

Bei den zuſammengeſezten Verbis eilt das Griechiſche dem Deutſchen noch weiter vor. Hier ſind die Vorzüge deſſelben unverkennbar. In der Zuſammenſezung der Verborum mit Partikeln kann man das Deutſche demſelben immer gleich ſchäzen, ſo wie hier auch das La= teiniſche nicht zurück bleibt. Auch fehlt es nicht an Verbis, welche mit Substantivis zu= ſammengeſezt ſind, aber ihre Zahl iſt mit dem Griechiſchen nicht zu vergleichen. Ohne aber auch auf die Menge zu ſehen, iſt ſchon die Art ihrer Bildung nicht die vortheilhafteſte. Die mehrſten von ihnen ſind von zuſammenge=
ſez=

sezten Substantivis nur abgeleitet, wie wall-
farthen, argwöhnen, kurzweilen, bei weitem
nicht so viele wirklich übliche Verba mit Substantivis oder Beschaffenheitswörtern zusammengesezt, wie brandschazen, lustwandeln, lieb-
äugeln. Ihre Bedeutung ist fast immer figür-
lich und elliptisch und also nicht so in die Augen fallend, wie bei den Nominibus. Auch
kann man deswegen nicht leicht neue Verba
zusammensezen, wenn man sie nicht von schon
zusammengesezten Wörtern ableitet. Die mehrsten Verba dieser Art sind schon alt, und oft
schon so sehr, daß eins der beiden Wörter,
aus welchen sie bestehen, ausser der Zusammensezung, nicht mehr gebräuchlich ist. Dieß und
die scheinbar wirkliche Bedeutung, welche sie
haben, macht sie für Ohr und Verstand den einfachen Verbis ziemlich gleich. Denn wer denkt
wol bei fuchsschwänzen, kazbalgen, muth-
maßen sehr an ihre Zusammensezung? — Von

allen

allen diesen Unbequemlichkeiten weiß das Griechische nichts. Es bildet seine zusammengesezten Verba auf die einfachste Weise und es
scheint bei ihnen das Werk fortführen zu wollen, welches es bei den abgeleiteten Verbis
anfieng. Bei diesen wurde der Begriff solcher Verborum, welche kein vollständiges Prädikat ausmachen, wie seyn, werden u. s. w. vermittelst einer Ableitungssilbe ausgedruckt, wodurch also
der Grieche kurz mit einem Wort sagt, wozu
man in andern Sprachen mehrere braucht,
εὐδαιμονέω, παρθενύω, δηλόω u. s. w. Dergleichen Verba aber, welche ohne Zusezung eines andern Worts gar nicht verstanden oder
kein vollständiges Prädikat ausmachen, sind
äusserst wenige. Daher konnten diese wenigen
Begriffe des Seyns, des Gerathens, und des
Versezens in einen Zustand sehr füglich durch
Ableitungssilben ausgedrückt werden, welche
dann bei jedem Substantivo oder Adjectivo an-

ge-

gewandt, denselben Begriff erweckten. Aber es giebt auch Verba, welche schon an sich einen vollständigen Begriff geben und das völlige Prädikat ausmachen können, bei welchen man aber doch noch manche Fragen aufwerfen kann. Wenn ich z. B. sage Cajus schläft, Cajus ißt, Cajus redet, Cajus opfert, so ist dieß immer ein Subject mit seinem ganzen Prädikat und völlig verständlich. Aber bisweilen können doch noch andre Bestimmungen nöthig seyn, welche das Verbum noch näher erläutern. Man kann fragen: Wo schläft er? Was ißt er? Womit ißt er? Wie redet er? Wem opfert er? Alle diese Bestimmungen drückt der Grieche an dem Verbo selbst durch Zusammensezung aus. — Man könnte fragen: Warum nicht auch, wie bei jenen durch Ableitung? — Aber eine geringe Aufmerksamkeit und der vorhin gegebene Begriff von Ableitung und Zusammensezung wird die Ursache schon entdecken.

J 5   Jene

Jene allgemeinen Begriffe des Seyns, Werdens u. s. w. waren nur wenige und konnten oft und bei sehr verschiedenen Wörtern angewandt werden. Daher war eine Ableitungssilbe zur Bezeichnung solcher Nebenbengriffe sehr bequem. Aber bei diesen vollständigen Verbis, was hätte da durch Ableitungssilben ausgedrückt werden sollen? Das Verbum? — So hätte man so viele Ableitungssilben haben müssen, als es Verba giebt; — oder das beizusezende Erläuterungswort? — So hätten wieder deren so viele vorhanden seyn müssen, als es nur leidende oder persönliche Gegenstände, Werkzeuge womit, Oerter, wo etwas geschehen kann in der Natur giebt oder nur denkbar sind. Dieß gienge ins Unendliche. Solche individuelle Begriffe drückt man also nicht durch Ableitung, sondern durch ihre eigenthümlich sie bezeichnenden Wörter aus. Auch würde die Menge von Ableitungssilben, welche für so viele Begriffe

da

da seyn müſten, wegen ihrer ſparſamen Anwendung nie zu einigem Grad der Klarheit gelangen. Einige Beiſpiele mögen das Geſagte erläutern. Das vollſtändige Verbum wird alſo mit ſeinem Erläuterungswort zuſammengeſezt, wenn es anzeigt:

1) Den Gegenſtand, auf welchen ſich das Verbum bezieht.

   a) den leidenden. Dieß iſt der häufigſte Fall; und zwar bei Transitivis; $παιδοφιλέω$, $πολεμοποιέω$, $οἰνοθέω$, $σαρκοφαγέω$, $δικαςπολέω$, $δενδροκοπέω$, $λιθοθλάω$, $ςρατολογέω$, und noch ſo viele Wörter von $λέγω$.

   b) den perſönlichen $εἰδωλοθυτέω$.

   c) das Object, bei Intranſitivis, wie, $θεαθραμανέω$.

2) Das Werkzeug und Mittel, $ξιφοκτονέω$, $λιμοκτονέω$.

3) Die Zeit: γηροτροφέω.

4) Den Ort, ςιβαδοκοιτέω, ἀρει - oder ὀρεσινομέω.

In allen diesen Fällen ist das Erläuterungswort ein Substantiv. Aber es können auch so Verba mit Beschaffenheitswörtern zusammengesezt werden, wie καθαροποιέω, ἀγαθοπιέω, ὀρθοφωνέω, ὀρθολογέω. Besonders geschieht dieß, wenn die Art und Weise ausgebrückt wird. Doch ist zu bemerken, daß diese zusammengesezten Verba mehrentheils von zusammengesezten Nominibus abgeleitet werden, also z. B. σαρκοφαγέω nicht unmittelbar von σὰρξ und φάγω, sondern von σαρκόφαγος ein Fleischesser, so daß also σαρκοφαγέω eigentlich hieße, ich bin ein Fleischesser. Nur hin und wieder, wo man keine Nomina als Stammwörter zu solchen Verbis findet, scheinen

nen diese unmittelbar zusammengesezt, aber doch nach der Analogie gebildet zu seyn, als wenn es wirklich dergleichen Nomina gäbe. Dem sey nun, wie ihm wolle, so sieht man leicht, wie grosse Vorzüge hier das Griechische vor dem Deutschen habe, da es dergleichen zusammengesezte Verba gar nicht bilden kann. Und doch scheint unsre Sprache natürliche Anlage dazu zu haben. Danksagen, Sturmlaufen, Haushalten, scheinen so natürliche Zusammensezungen zu seyn, und manche Deutsche sind auch geneigt sie dafür zu halten; aber sie sind es nicht, so lange man noch nicht sagt: ich danksage, ich sturmlaufe ich haushalte. Eben dieser Umstand, daß man den Casus der Verbi mehrentheils nicht vor, sondern hinter dem Verbo sezen muß, scheint die wahre Ursache zu seyn, weswegen sich dergleichen zusammengesezte Verba nicht bilden. Die Sprache wird dadurch in ihrem Gang gestört, der sie sonst

ganz

ganz natürlich auch auf diese Zusammensezungen führen würde. Und so überläßt sie also
gleichsam hier gutwillig dem Griechischen den
Preis, welchen sie ganz zu erringen nicht hoffen kann.

Bis izt sind die Hauptwörter der Rede,
Substantiv, Adjectiv, und Verbum ihrer Bildung nach sowol durch Ableitung als Zusammensezung betrachtet worden. Aber die übrigen Wörter einer Sprache, wodurch Umstände
und Verhältnisse ausgedruckt werden, sind
gleichfalls sehr wichtige Redetheile. Ob nun
gleich in Ansehung des Reichthums an solchen
Wörtern diese Sprachen mehr übereinkommen
so hat doch das Griechische auch hierin einen
kleinen Vorzug vor dem Lateinischen und Deutschen. Weil sich aber im folgenden Gelegen-
heit finden wird, dieß umständlicher zu zeigen,
so will ich, um nicht einerlei zweimal zu sagen,

gen, hier nur das Wichtigste, deſſen nachher nicht wieder erwehnt werden dürfte, ausheben, und ſelbſt auch das übergehen, was keinen ausgebreiteten Einfluß hat, z. E. daß die Griechen bei den Zalwörtern eine Grundzal, μυρίας, mehr haben; das im Griechiſchen ſowol, als Lateiniſchen pronomina gentilia ſind ποδαπὸς, ἡμεδαπὸς cuias, noſtras, veſtras u. ſ. w. welche dem Deutſchen fehlen.

Zuerſt iſt der Unterſchied des Griechiſchen und Lateiniſchen vom Deutſchen zu bemerken, daß jene Sprachen ihren Umſtandswörtern eine eigne Form geben, da das Deutſche ſie ſelten von den Beſchaffenheitswörtern unterſcheidet; z. B. das Beſchaffenheitswort καλός, κακός, pulcher, malus, und das Umſtandswort καλῶς, κακῶς, *pulchre, male, wird im Deutſchen in beiden Fällen ohne Unterſchied

schied durch schön und schlecht ausgedrückt. Daß aber auch dagegen Griechen und Römer das Beschaffenheitswort nicht vom Eigenschaftswort, wie die Deutschen unterscheiden, ist schon vorhin bemerket worden. Die Sprachen können also die gegenseitigen Vorzüge in dieser Rücksicht mit einander verrechnen.

Aber auch in den übrigen nicht von Adjectivis abgeleiteten Umstandswörtern zeichnet sich das Griechische vor dem Deutschen sowol, als dem Lat. aus. Die eigne bestimmte Ableitungssilbe, welche sie für so viele Arten der Adverbien haben, bilden theils eine Menge derselben und geben ihnen eine besondre Deutlichkeit. Wie viele den andern Sprachen unnachahmliche Adverbia, die einen Ort bezeichen, können sie nicht durch ihre Silben ϑi, $\vartheta \varepsilon \nu$, $\sigma \varepsilon$, $\delta \varepsilon$ bilden, z. E. $o\emph{ϊ}κό\vartheta\iota$, $\mathring{α}γρό\vartheta\iota$, $\mathring{ε}\rho α$-$νό\vartheta\iota$: $o\emph{ϊ}κο\vartheta εν$, $\mathring{ε}ρανό\vartheta εν$, $\mathring{α}γρό\vartheta εν$: $o\emph{ϊ}καδε$,

$\mathring{α}γρό$-

ἀγρόσε, ὐρανόσε oder ὐρανόνδε; wie viele andre um eine Aehnlichkeit zu bezeichnen durch δον und δην; wie νεφληδὸν, πλινθηδὸν βάδην, allmählich, wo die Metapher vom Gehen, (βαινειν) hergenommen ist, wie bei unserm Flugs vom fliegen.

Ueberdas hat es eine eigne Feinheit im Bau dieser Gattung von Wörtern. Es bedient sich zur Bezeichnung manches Umstandes nur eines einzigen Buchstabens, welchen es dem Wort vorsezt. So ist das vorgesezte π das Zeichen der Frage, die Aspiration das Zeichen der Beziehung und das τ der Bestimmung; z. B. ποῖος; τοῖος, οἷος. – πηνίκα; τηνίκα, ἡνίκα. – πόσος; τόσος, ὅσοςπότε; τότε, ὅτε, und so noch in vielen Fällen. Hauptsächlich liegt der Unterschied dieser Sprachen darin,

K   daß

daß das Deutsche und Lateinische für die Frage und Beziehung einen und denselben Laut haben, jenes das w. und dieses qu; z. B. quantus, qualis, quot, quando, wenn, wo, woran, wodurch u. s. w. wird sowol fragend als relativ gebraucht. In dem ersten Fall braucht der Grieche sein π, im zweiten die Aspiration. Ueberhaupt ist es merkwürdig, daß die Deutschen kein eignes allgemeines Wort zur Bezeichnung der Frage haben, wie die Griechen $\H{α}ρα$, $μῶν$, $πότερον$ oder die Römer num und das angehängte ne. — Das $τ$ als Zeichen der Bestimmung und die Aspiration als Zeichen der Beziehung ist auch noch in der Bildung der Artikel sichtbar. Denn das Pronomen Relativum besteht ja blos aus dem spiritu aspero mit den Biegungszeichen; $\H{ο}ς$, $\H{η}$, $\H{ο}$, $\H{ου}$, $\H{η}ς$, $\H{ω}$, u. s. w. und der bestimmte Artikel auch fast blos aus dem $τ$ mit eben diesen

Casus-

Cafuszeichen τȣ, τῆς, τȣ: τῷ, τῇ u. ſ. w. —
Auch fehlt uns im Deutſchen eine Ableitungsſilbe, um ein Individuum einer ganzen Gattung zu bezeichnen, wenn es gleichgültig iſt,
welches es ſey, was die Römer durch ihr
cunque ausdrücken; quandocunque, quomodo-
cunque, quiscunque. Die Griechen bilden dieſe
Art von Wörtern noch feiner durch ihre Frag-
wörter, blos durch Voranlötung der Silbe
ὁ, ὅπως, ὁπότερον, ὁποσάκις. Wir müſſen
in dieſen Fällen weitläuftig umſchreiben, wenn
es wolle, auf welche Art es wolle, ſo oft
es wolle.

Auch erhält das Griechiſche eine eigne
Feinheit durch die vielen kleinen Partikeln,
welche faſt müſſig und überflüſſig zu ſtehen
ſcheinen, wie ῥα, νυ, τοι, κε, κεν, ἄν,
ποτε, δη, τε, πȣ, περ, γε u. ſ. w. und
von

von den Grammatikern den unbequemen Namen particulæ explectivæ erhalten haben. Sie sind aber keinesweges überflüssig oder stehen zur Ausfüllung von Gedanken oder eines leeren Plazes da, wie man entweder aus dem Namen, oder auch daraus schliessen möchte, weil man ihre Bedeutung nicht in den Wörterbüchern bestimmt angegeben findet, oder sie oft nicht genau übersezen kann. Aber eben weil sie oft unübersezbar sind, machen sie etwas Eigenthümliches und Vorzügliches im Griechischen aus. Aber was sollen diese Partikeln denn, wenn sie nichts bedeuten? Freilich haben sie keine stark ausgezeichnete Bedeutung, aber sie dienen zur Milderung des Ausdruck's. Wenn die Wörter so nackt und blos hingestellt sind, daß die Begriffe ganz abgeschnitten und schroff da stehen, so haben sie oft etwas hartes und unangenehmes, wenn sie auch verständlich genug sind. Dieß wird durch dergleichen Partikeln gemil-

gemildert, so wie in einem Gemälde der Uebergang von einer Farbe zur andern verwischt werden muß, wenn sie nicht hart und abstehend seyn sollen. — Auch das Lateinische und Deutsche hat solche Partikeln, nur nicht so häufig als das Griechische. Wenn wir z. B. sagen: Wer wird sich hierüber wundern? quis hoc mirabitur? so ist dieß völlig verständlich, aber hart; um es zu mildern darf man nur ein wol, ein tandem hineinrücken; Wer darf sich wol hierüber wundern? quis tandem hoc mirabitur? Eben so ist; das möchte ich eben nicht behaupten; sanfter, als wenn das eben fehlte, ohngefehr wie das Griechische: τȣ̃το ἔγωγε ȣ̓κ ἂν εἴποιμι. Wer kann nun aber wol die Bedeutung dieser kleinen deutschen Wörter ganz deutlich machen? Was in diesen Beispielen das wol, eben, tandem thut, das thun die vielen griechischen kleinen Partikeln, und daher läßt sich die Kraft derselben bloß aus der Uebung, nicht aus dem Wörterbuch lernen. Und da das Griechische eine grössere Menge von solchen Partikeln hat, welche bei vielen verschiedenen Verhältnissen gebraucht werden, so hat es auch dadurch mehrere Mittel die Rede zu verfeinern, als das Lateinische und Deutsche.

Indessen was mehr als dieß alles beträgt, ist der Vorzug, welchen das Deutsche wegen seines Artikels vor dem Lateinischen ganz, und zum Theil auch vor dem Griechischen verdient. Der Mangel desselben bleibt immer ein Hauptfehler der lateinischen Sprache. Ohne ihn muß es einer Sprache nothwendig oft an der erforderlichen Deutlichkeit und Bestimmtheit fehlen. Der größte Theil der Substantive einer Sprache sind nicht eigne Namen, sondern Wörter, welche eine ganze Gattung bedeuten, z. B. Mensch, Pferd, Hund, Schuster,

ſter, Schneider. Will nun das Deutſche irgend ein Individuum aus der ganzen Claſſe nennen, man mag ſich dabei denken, was für eins man wolle, ſo braucht es den unbeſtimmten vom Zalwort entlehnten Artikel ein, eine, eins; ein Menſch, ein Schuſter, ein Schneider. Soll aber nur ein gewiſſes Individuum genau beſtimmt werden, ſo ſagt man: der Menſch, der Schuſter, der Schneider. Weil nun eigne Namen ſchon an und für ſich nur ein Individuum und keine ganze Gattung bezeichnen, ſo bekommen ſie auch gar keinen Artikel. So würden wir uns alſo bei Schuſter, Schneider, ohne Artikel Leute denken, welche dieſen Namen führen. Wer ſieht nicht den groſſen Unterſchied, wenn man z. B. ſagt, Schneider kömmt, ein Schneider kommt und der Schneider kommt. Und alle dieſe drei verſchiedenen Bedeutungen kann der Römer nur auf einerlei Weiſe ausdrücken. Es bleibt alſo nichts übrig, als aus dem Zusammenhang zu errathen, ob jedesmal ein eigner Name, oder aus einer Gattung ein unbestimmtes Individuum oder auch ein einziges bestimmtes gemeint sey. Das Griechische kömmt dem Deutschen näher, aber hat doch die Vollkommenheit nicht. Der bestimmte Artikel ist hier, wie im Deutschen, aber der Gebrauch ist schwankender. Die Griechen sezten ihn nemlich oft auch den eignen Namen vor, wie ὁ Ἀλέξανδρος, ὁ Σωκράτης, welches bei uns blos in dem Fall geschieht, wenn bei ausländischen nominibus propriis der Casus nicht hinlänglich ausgedrückt werden kann. Einen unbestimmten Artikel haben sie gar nicht, und sezen also das Gattungswort so blos ohne Artikel hin, oder bedienen sich auch ihres τις, wie auch die Römer aliquis, doch nur in sehr ausgezeichneten Fällen. Philosophen, wie Plato, sahen den Gebrauch und Nuzen desselben

sehr

sehr wol ein, aber allgemein wurde er nicht erkannt. Was daher Plato den Socrates im Meno (S. 13. der Biesterschen Eb.) über den Gebrauch des τις sagen läßt, läßt sich eben so auch auf unsern unbestimmten Artikel eine, eins anwenden.

2. Unterschied der brei Sprachen in Ansehung der Biegung der Wörter.

Die einzelnen Wörter, welche die menschliche Begriffe an sich bezeichnen, ohne auf ihre Verbindung unter einander zu sehen, machen die Grundlage der Sprachen aus. Bisher haben wir die Fähigkeit des Deutschen sowol, als des Griechischen und Lateinischen, sich solche Ausdrücke zu bilden, betrachtet, und dabei die wesentliche Verschiedenheit und den wirklichen Reichthum dieser Sprachen bemerket. —

Diese einzelne Ausdrücke werden in keiner andern Absicht unter sich verbunden, als um das Verhältniß, welches die Begriffe, deren Zeichen sie sind, gegen einander haben, auszudrücken. Aus diesem Bemerken der verschiedenen Verhältnisse eines Gegenstandes gegen den andern besteht unser ganzes Denken und Reden. Folglich müssen in der Sprache auch Mittel und Wege vorhanden seyn, diese Verhältnisse bei den Gegenständen deutlich auszudrücken. In vielen Sprachen bezeichnet man dieß durch gewisse Veränderungen an dem Wort selbst, und größtentheils am Ende desselben, also durch Endungen. Und dieß nennt man gewöhnlich moviren, und compariren, decliniren und conjugiren. Nothwendig ist freilich nicht immer zu diesem Endzweck die Veränderung des Wortes selbst, sondern die verschiedenen Verhältnisse desselben könnten auch durch kleine Partikeln ausgedrückt werden,

wie

wie es in den mehrsten neuern europäischen und
in den morgenländischen Sprachen ist. Andre
haben den ersten Weg gewählt, durch gewisse
bestimmte Laute an den Wörtern selbst die
verschiedenen Verhältnisse und Umstände zu bezeichnen, wie denn selbst die morgenländischen
und die europäischen Sprachen bei der Motion
und Conjugation wenigstens zum Theil eben
diese Gewohnheit haben, welche das Lateinische, Griechische und Deutsche auch beim Decliniren und Compariren beobachten. Eine
Sprache mag hier aber einen Weg wählen,
welchen sie will, so ist so viel klar, daß die
Zeichen, deren sie sich zum Ausdruck der verschiedenen Verhältnisse und Umstände bedient,
bestimmt seyn müssen, wenn sie auf irgend
einige Vollkommenheit in diesem Stück An-
spruch machen will.

Declination ist die Bezeichnung der Verhältnisse der in einer Rede befindlichen selbstständigen

ständigen Dinge gegeneinander durch einverleibte oder angehängte Laute. Im Deutschen sowol, als im Griechischen und Lateinischen wird nicht blos der Name des selbstständigen Dinges, das Substantiv declinirt, sondern auch alle die Redetheile, welche dem Substantiv als einverleibt gedacht werden. Das Adjectivum also, der Artikel, das Zahlwort, das Pronomen folgt seinem Substantiv in allen Verhältnissen. Diese Bezeichnung der verschiedenen Verhältnisse nun nennt man Casus. Je bestimmter also die Laute sind, welche jede Sprache zur Bezeichnung derselben wählt, desto besser erreicht sie ihren Zweck, desto vollkommener ist ihre Declination.

Keine Rede läßt sich ohne Subject denken. Das Verhältniß in welchem ein Wort als Subject betrachtet, stehen kann, ist seiner Natur nach nur einfach. Aber der Redende
kann

kann sich selbst zum Gegenstand der Rede ma‍chen, oder den, mit welchem er redet, oder ein drittes selbstständiges Ding, von welchem er redet. Diese Persönlichkeit des Subjects hat man nicht für gut gefunden im Deutschen an dem Wort selbst auszudrücken, weil dieß hinlänglich, theils durch die Personalendungen des Verbi, theils durch das hinzugesezte Pronomen geschieht. In den Sätzen: ich, der Herr, befehle, es; du, der Herr, befiehlst es; der Herr befiehlt es; bleibt der Name des Subjects in allen Personen unverändert. Im Griechischen und Lateinischen hat man aber dem Subject in der zweiten Person seine eigne Endung gegeben. Man sagt also: Dominus iubet; ego, Dominus, iubeo, aber: Tu, Domine, iubes; im Griechischen ὁ κύριος κελεύει, ἐγώ, ὁ κύριος, κελεύω, aber σύ, κύριε, κελεύεις. In diesen beiden Sprachen ist also ein Casus, der Vocativus, mehr, als im Deutschen. —

Aber

Aber als einen besondern Vorzug darf man ihnen diesen Casum nicht anrechnen; theils, weil der Mangel derselben keiner Sprache nachtheilig ist und es hinlänglich ist den Umstand der Persönlichkeit des Subjects an dem Verbo oder durch das Pronomen zu bezeichnen, theils, weil man nach derselben Analogie auch für das Subject der ersten und dritten Person verschiedene Endungen erwarten müste, welche doch diese Sprache durch eine und dieselbe Biegung ausdrücken. Zudem scheinen auch die Römer und Griechen selbst diesem Casu einen geringen Werth beigeleget zu haben, da er im Plurali gar nicht, im Singulari nur bei der kleinsten Anzahl von Wörtern, und bei den Attikern auch nicht einmal bei diesen statt findet. In allen diesen Fällen kommen sie also völlig mit dem Deutschen darin überein, daß für den Casus Subjecti nur eine einzige Form ist. — Vielmehr könnte man, da das Subject

nicht

nicht mehr, als einfach, seyn kann, die Bezeichnung der zweiten Person an dem Subject selbst für einen Ueberfluß dieser Sprachen halten, obgleich für einen unschädlichen. Das hingegen kann man eher für einen Vorzug dieser Sprachen halten, daß sie auch in sehr vielen Wörtern eine eigne Biegungssilbe für den Nominativ haben, da das Deutsche entweder das bloße Wurzelwort, oder das Abgeleitete ohne weitere Biegungssilbe gebraucht. Dadurch erhalten diese Sprachen den sehr wichtigen Vortheil, daß man aus der Endung des Nominativs gleich sehen kann, welche Biegungslaute die übrigen Casus haben müssen. Freilich haben in den beiden ältern Sprachen eine Menge von Wörtern auch keine Biegungssilbe für den Nominativ, aber diese haben alle ihre eigne Declination, nemlich in beiden Sprachen die dritte. Daher werden auch in dieser Declination die Casus länger, als der Nominativ,

weil

weil die Biegungssilben bei jenen hinzukommen, welche diesem fehlten. Im Deutschen aber giebt es gar keine allgemeine Kennzeichen an dem Wort selbst, an welchen man die Declination desselben erkennen könnte; von manchen läßt es sich gar nicht einmal ausmachen, nach welcher sie gehen, z. B. Athem, Gehorsam, und manche Wörter, nehmen nach ihrer verschiedenen Bedeutung, auch verschiedene Biegungslaute an. Dies alles macht die deutsche Declination sehr verwirrt und schwer, welches vielleicht nicht gewesen wäre, wenn man zeitig angefangen hätte, auch dem Nominativ seine Biegungssilbe zu geben. Denn das dunkle Gefühl des grossen Haufens, welcher die Sprache bildete, hätte daran einen sicherern Führer gehabt, nach Maasgabe des Nominativs, auch die übrigen Casus zu bilden.

Unter

Unter den Caſibus, welche das Verhältniß des Prädikats zum Subject ausdrücken, hat das Lateiniſche einen mehr, als das Griechiſche und Deutſche, den Ablativum, deſſen man ſich bedient, um dasjenige auszudrücken, was ſich gegen das Subject als Werkzeug oder Mittel verhält. Dies iſt ein wirklicher Vorzug der Lateiniſchen Sprache vor allen beiden, ein Fall, der ſich ſelten ereignet. Denn ob man gleich eben dies Verhältniß im Griechiſchen durch den Dativum bezeichnet, ſo iſt doch eben dies, daß man ſo verſchiedene Begriffe, als der perſönliche Gegenſtand und Werkzeug oder Mittel ſind, durch ein Zeichen andeutet, ſchon ein Fehler. Um daher manche daraus entſtehende Zweideutigkeiten zu vermeiden, muß man ſchon oft zu Umſchreibungen vermittelſt einer Präpoſition ſeine Zuflucht nehmen. — Wo der Römer z. B. ſagt: regis iusſu hoc fecit, muß der Grieche ſagen ἐποίησε τοῦτο κατὰ

κατὰ τὴν τῦ βασιλέως εντολην. Wenn aber einige Sprachlehrer glauben, daß der lateinische Ablativus auch durch den Dativus mit ἐν umschrieben werde, (wie Meiners in seiner philosophischen Sprachlehre S. 148.) so beweiset man dieß blos mit Beispielen aus hebräischartigen Schriftstellern, welche es für das hebräische ◻ sezen; also so gut, wie gar nicht. Im Deutschen muß man hier immer durch Präpositionen umschreiben; er stieß ihn mit dem Fuß; er that es auf Befehl des Königs; er half sich durch sein Geld.

Die Casus, welche die übrigen Verhältnisse des Prädikats zum Subject bestimmen, sind in allen drei Sprachen der Zal nach gleich. Jede hat ihre eigne Biegung, um das Verhältnis des leidenden oder des persönlichen Gegenstandes auszudrücken, also ihren Dativum und
Accusa-

Accusativum, und eben so für den Begriff, welcher ein beziehendes Wort *) erklärt, also ihren Genitivum. — In alle diese verschiedene Verhältnisse kann ein Gattungswort kommen, man mag nun nur von einem Individuo, oder von mehrern dieser Gattung reden. Daher entstehen zwei Numeri, der Singularis und Pluralis, deren jeder dieselben Casus haben muß. Diese beiden in der Natur gegründeten Numeros haben alle drei Sprachen. Die

L 2 Grie-

*) Dieß sind solche Wörter, welche so blos gesetzt nicht deutlich verstanden werden, sondern zu ihrer Erklärung noch eines andern Worts bedürfen, auf welches sich ihr Begriff bezieht. Dieß Erklärungswort steht dann im Genitivo. Solche Beziehungswörter können so wol Substantiva, als auch Adjectiva und Verba seyn. Z. E. Philippus war der Vater, ist nicht eher deutlich zu verstehen, als bis man hinzusetzt, Alexanders; das Faß war voll — Weins. Man beschuldigte ihn des Diebstahls, wo alle diese Genitivi erst die Beziehungswörter Vater, voll, beschuldigen, deutlich machen.

Griechen haben, auſſer dieſen, noch den Dua=
lis, wenn von zwei Individuis eines Gattungs=
worts die Rede iſt. Allein man kann dieß
der Sprache zu keinem beſondern Vorzug an=
rechnen. — Freilich läßt es ſich denken, daß
man beſondre Biegungen haben könnte, wenn
zwei, drei, oder vier Individua einer Gattung
beiſammen ſind. Allein dieß wäre ein unnö=
thiger, ſehr entbehrlicher Ueberfluß der Spra=
che, der ſie nur ſchwerer und um nichts ver=
ſtändlicher machen würde. Man bedient ſich
daher in dem Fall, wenn es nöthig iſt, die
Zal der Mehrheit, nicht blos allgemein, ſon=
dern beſtimmt anzugeben, der Zalwörter beim
Plurali. So gut, wie alſo die Griechen
dem Plurali ein Zalwort beifügen müſſen,
wenn ſie von drei, vier, fünf Dingen reden;
eben ſo wäre es der Analogie gemäs, auch
wenn die Zal der Mehrheit auf zwei beſtimmt
iſt, eben daſſelbe zu thun. Wenigſtens läßt
ſich

sich nicht einsehen, was die Zal zwei hierin für einen Vorzug vor den übrigen bestimmten Zalen haben sollte. Einigermasen liesse es sich dadurch begreifen, weil es in der Natur viele Dinge giebt, welche mehrentheils paarweise gefunden werden, wie Augen, Ohren, Hände. So sagen die Hebräer in diesem Fall: אָזְנַיִם, רַגְלַיִם, מֵינַיִם. Nun müste dann diese Endung auch für die gemeiniglich paarweise existirende Dinge ausschließlich bleiben, wie im Hebräischen; und nicht auf solche Dinge ausgedehnt werden, wovon man eben so oft drei, vier, fünf und mehr beisammen trift, als zwei, oder wo das Ungefehr die Zal bestimmt. daher sagt man im Hebräischen nicht אַךְ שְׁמַיִם für zwei Menschen, sondern ausdrücklich mit dem Zalwort und dem Plural שְׁנֵי אֲנָשִׁים. *) Im Griechischen wird aber

der -

*) Wenigstens ist der Fall, daß der Dualis auch von

der Dualis auf diese Weise, bei welcher er sich einigermassen vertheidigen liesse, nicht gebraucht, sondern man bedient sich desselben von jedem Dinge, wovon zufälliger Weise zwei zusammentreffen. Doch scheinen selbst die Griechen diesem Numerus, keinen grossen Werth beigelegt zu haben. Denn sie reden oft durch den Pluralis mit dem beigesezten Zalwort δύο. Und selbst wenn sie den Dualem gebrauchen, steht noch das bestimmte Zalwort dabei, so daß also der Nebenbegriff der Biegung noch einmal durch das δύο ausgedrückt wird, wie im Plutarch: Φίλιππος, γενόμενος κριτὴς δυεῖν πονηροῖν u. s. w. — Auch sind die Endungen in diesem Numero sehr unvollkommen. Der Nominativus, Accusativus und Vocativus

ist

andern Dingen so gebraucht wird, äusserst selten wie אֲמָתַיִם, מָאתַיִם, יוֹמַיִם.

ist durch nichts unterschieden und Genitivus und Dativus auch nicht. Und selbst die Construction mit denselben ist sehr unbestimmt. Er wird mit dem Pronomine relativo oder dem Verbo, bald des Dualis, bald des Pluralis verbunden, ja oft so gar, besonders im Attischen, nicht einmal Rücksicht auf das Geschlecht genommen, sondern ein Wort weiblichen Geschlechts im Duali wird mit einem Adjectivo, Participio, Pronomine, im Masculino construirt, z. B. Xenoph. Cyrop. I. c. 2. §. 11. καὶ μίαν ἄμφω τέτω τὼ ἡμέρα λογίζονται; und noch auffallender ist die Stelle in Xenoph. Memorab. Socr. II. c. 3. §. 18. wo Socrates zu zwei feindselig gegeneinander gesinnten Brüdern sagt: Νῦν μὲν ὕτως διάκεισθον, ὥσπερ εἰ τὼ χεῖρε, ἃς ὁ θεὸς ἐπὶ τὸ συλλαμβάνειν ἀλλήλαιν ἐποίησεν, ἀφεμένω τέτυ, τράποιντο πρὸς τὸ διακωλύειν ἀλλήλω;

wo

wo erst das Femininum ἡ χεὶρ mit Masculinis im Duali τώ, ἀλλήλω, ἀφεμένω construirt wird, und gleich darauf wieder als Femininum einmal im Plurali (ἃς) und darauf im Duali (ἀλλήλαιν) behandelt und das Verbum im Plurali (διατράποιντο) dazu gesezt wird. Da also, schon philosophisch betrachtet, ein Dualis nichts besonders vortheilhaftes in einer Sprache ist, so kann er noch vielweniger Vorzug vor andern Sprachen ertheilen, wenn er, wie im Griechischen, so unvollkommene Endungen hat und dabei so schwankend und unregelmäsig gebraucht wird. — Unter diesen bei der Vergleichung der Declination sich am ersten aufdringenden Verschiedenheiten, würde ich also nicht den Mangel des Dualis dem Deutschen und Lateinischen als einen Fehler anrechnen, eben so wenig als der zwiefache Casus Subjecti dem Griechischen und Lateinischen einen wirklichen Vorzug giebt. Blos ihre

ihre Endung für den Nominativ und der Ab-
lativ der Lateiner ist als etwas Vorzügliches
zu betrachten. — — Da nun einmal die
Sprachen, welche hier verglichen werden, das
mit einander gemein haben, daß sie die
Verhältnisse der selbstständigen Dinge in einer Rede durch Endungen, oder wie man in
der Kunstsprache redet, durch Casus ausdrücken, so hängt der Grund der Vollkommenheit jeder Sprache in dieser Rücksicht blos
von der Genauigkeit ab, mit welcher sie hiebei
verfährt. Die Endungen der Casuum müssen
nothwendig bestimmt und hinlänglich von einander unterschieden seyn, damit man einen jeden auf den ersten Anblick erkenne und nicht
in Versuchung komme, ihn mit einem andern
zu verwechseln, oder erst aus dem Zusammenhang schliessen müsse, welcher Casus eigentlich
gemeint sey. Je grösser also die Biegsamkeit
einer Sprache in Annehmung gewisser bestimm=

L 5   ten

ten Endungen oder Laute zur Bezeichnung der Verhältnisse der Dinge gegen einander ist, desto vollkommener ist auch ihre Declination. Und diese Biegsamkeit ist dem Lateinischen und Griechischen in einem vorzüglich hohen Grad eigen. Jedes Wort führt das Werkzeichen seines Verhältnisses mit sich. Man mag ein Wort nur nennen, in welchem Numero und Casu man will, so wird man schon ohne auf seine Verbindung mit andern Wörtern zu sehen den Numerus und Casus desselben bestimmen können. Nur sehr wenige Fälle sind, wo man dies nicht behaupten könnte, wie im Lat. mensæ so wol der Genit. als Dat. der ersten Decl. seyn könnte. Auch der Dativus und Ablativus Pluralis und in der zweiten auch des Singularis lauten überein. Im Plurali der drei lezten Declinationen und bei allen Neutris haben Nominativus, Accusativus, und Vocativus gemeinschaftliche Endungen, und eini-

einige ganz unregelmäſſig gehende Wörter kommen in noch mehrern Caſibus überein. — Das Griechiſche iſt noch um etwas vollkommener. Es unterſcheidet jeden Caſum hinlänglich, ausgenommen bei den Neutris, wo auch wie im Lateiniſchen, ihrer drei ſich gleich ſind. Dies ſind aber bei der übrigen Vollkommenheit der Declination nur kleine unbeträchtliche Flecken. Im Deutſchen hingegen bemerken wir nicht bloß dergleichen einzelne Mängel, ſondern wirklich einen hohen Grad von Unvollkommenheit beim Decliniren. Die wenigſten Endungen der Caſuum ſind von einander unterſchieden. Ja in manchen Wörtern kann man nicht einmal den Singular vom Plurall unterſcheiden, wie z. B. bei den Wörtern, Menſchen, Löwen, Ochſen, wenn man nicht den Artike hinzuſezt, des Menſchen, dem Menſchen, de Menſchen und ſo im Plurall durch alle Caſu. Alle Hülfsmittel des Declinirens im Deutſchen

be=

bestehen im Unterscheiden des Pluralis vom Singulars entweder durch den Umlaut, oder durch die Endungen e, er, en, oder durch die Anwendung beider Mittel zugleich, wie Gott, Götter, Grab, Gräber; ferner im Unterscheiden einiger Casuum des Genitivs im Sing. durch s und es, des Dativs im Sing. durch e, des Dativs im Plur. durch n u. en. Mehr als diese drei Casus kann auch die vollkommenste deutsche Declination nicht unterscheiden. Aber selbst den Unterschied des Numeri und dieser wenigen Casuum hat bei weitem die kleinste Anzahl von deutschen Wörtern; weil oft diese Mittel wegen der Endung des Worts nicht anwendbar sind, ohne den Wohlklang zu verletzen. Nun sollte man also denken, daß im Deutschen der Endzweck der ganzen Declination verloren gienge und also manche Verhältnisse, welche man im Griechischen und Lateinischen leicht ausdrückt, gar nicht bezeichnet

wer=

werden könnten. Aber dann wäre die Sprache so gut wie unbrauchbar, oder wenigstens im hohen Grad unvollkommen. Sie bedient sich also einiger Mittel, den Mangel zu ersezen. Zuerst ist die vollkommnere Declination der Artikel, der Pronominum, der Adjectivorum, der Zalwörter hiezu behülflich. Denn weil ohne eins von diesen nicht leicht ein Gattungs-wort steht, so kann man aus dem beigesezten Artikel oder Adjectivo leicht schliessen, welchen Casum des Gattungsworts man verstanden wissen will. Besonders ist hier der Artikel wichtig, der nicht nur die Casus, sondern im Singulari auch das Geschlecht eines Worts unterscheidet, und also auch hieburch das Deut-sche dem Griechischen und Lateinischen an Voll-kommenheit etwas näher bringt, welches an den mehreresten Wörtern selbst auch das Ge=schlecht zu bezeichnen pflegt. So kann man also bei dem Wort Arbeiter, welches in sie-

ben

ben Casibus so lautet, nicht leicht zweifelhaft bleiben, welcher Casus gemeint sey, wenn man dem Arbeiter, den A. die A. u s. w. sagt. Selbst bei Nominibus propriis, wo sonst kein Artikel statt findet, muß er aushelfen, wenn der Casus des Worts sich nicht an ihnen selbst ausdrücken läßt, z. E. die Schüler des Sokrates. Die Adjective haben sogar ihre eigne Declination, wenn sie den Casum des Substantivs bestimmen. Daher läßt sich bei den Wörtern guter Menschen, gutem M. guten M. gute M. u. s. w. ziemlich die Casus unterscheiden. — Allein deswegen kann man dennoch nicht die deutsche Declination für eben so vollkommen halten als die Lateinische und Griechische. Denn 1) muß man doch immer erst aus einem andern Wort den Casum des Substantivs schliessen und er ist nicht an dem Wort selbst ausgedrückt, und in die Augen fallend. Ist nun zwar dieser Schluß leicht und wird er gleich durch die Gewohnheit noch leichter, so bleibt es dem ohngeachtet immer ein Mangel, weil es der höchsten möglichen Verständlichkeit hinderlich ist. Gesezt das Griechische ἄνθρωπός hätte in den übrigen Casibus des Singularis und Pluralis blos ἀνθρώπȣ, so würde man freilich dann aus dem beigesezten Artikel τῷ ἀνθρώπȣ, τὸν ἀνθρώπȣ, οἱ ἀνθρώπȣ, oder aus dem Adjectivo ἀγαθῶν ἀνθρώπȣ, ἀγαθοῖς ἀνθρώπȣ u. s. w. leicht sehen können in welchem Casu man es nehmen solle, aber würde doch dessen ungeachtet sagen müssen, daß dies Wort eine sehr unvollkommene Declination habe. Oder um ein wirkliches Beispiel zu geben, wer erkennt nicht das Mangelhafte der Declination bei den Wörtern auf u im Lateinischen, wie cornu, ob man gleich aus dem beigesezten Adjectivo oder der ganzen Construction leicht auf den Casum schlie-

schliessen kann, in welchen es stehen soll. Eben dies gilt auch vom Deutschen, wenn uns gleich dieser Mangel, da wir an ihn selbst und an die Mittel ihn zu ersezen von Jugend auf gewöhnt sind, nicht so auffallend ist. Aber 2) hilft auch das Auskunftmittel mit dem vorgesezten Artikel und Adjectivo nicht immer. Denn auch ihre Declination ist, wenn gleich vollständiger, als die der Gattungswörter, doch noch nicht vollkommen. Den Menschen, guten Menschen, kann sowol der Accusativ im Singular als der Dativ im Plurali seyn, die Menschen, gute Menschen, sowol der Nominativus, als Accusativus Pluralis. — Manche Wörter, welche zur Bestimmung des Casus gebraucht werden, können auch nicht einmal die bestimmte Declination in allen Casibus ausdrücken. Sie können daher auch vor einem Substantiv in den mangelhaften Casibus nichts bezeichnen. Denn geht man also schon

einen

einen Schritt weiter. Dann muß man aus der ganzen Verbindung, etwa aus dem Verbo schliessen, welcher Casus gemeint sey. Dies kann einigermassen selbst der Ungelehrte, selbst das Kind, aber nur nach dunkelm Gefühl und ohne sich der Gründe recht bewußt zu seyn; z. E. bei den Sätzen: fromme Menschen beglücket Gott, und fromme Menschen werden von Gott beglücket, wird der Ungelehrte glauben, fromme Menschen sei beidemal derselbe Casus, wenn er nicht andre Fälle bei sich überdenket und sich erinnert, daß man im Singulari saget, einen frommen Menschen beglücket Gott und ein frommer Mensch wird von Gott beglücket, wo also die Verschiedenheit des Casus in die Augen fallend ist. Recht deutlich kann sich dergleichen Fälle fast nur der machen, welcher andre Sprachen mit vollkommner Declination gelernt hat, und hier also die deutlichlichen Fälle der fremden Sprache mit den

M   min-

minder deutlichen seiner Muttersprache vergleicht. Wäre dieß nicht, so würde bei Erlernung der lateinischen Sprache die Sezung des Casus dem Lernenden nicht so viel Schwierigkeit machen. 3) Bisweilen giebt in solchen Fällen selbst die Construction nicht einmal den Casum, der gemeint ist, deutlich zu erkennen. Dann sieht man sich gezwungen zu Umschreibungen mit Präpositionen seine Zuflucht zu nehmen. Dieß geschieht z. B. wenn der Genitiv ohne Bestimmungswort gebraucht wird. So kann man wol sagen, ich habe Kenntniß der Bücher, der Geseze, der Kräuter; aber nicht, ich habe Kenntniß, Bücher, Geseze, Kräuter, sondern von Büchern, von Gesezen, von Kräutern. Eben das gilt wenn zwar ein Bestimmungswort vor dem Nomine steht, aber selbst keine bestimmte Endung hat. Man sagt recht gut; die Geschichte habe ich aus zweier, aus dreier Zeugen Mund; aber die
Ge-

Geschichte habe ich aus hundert, aus tausend Zeugen Mund, sagt man nicht, weil nicht zu sehen ist daß hundert, tausend Zeugen hier der Genitivus seyn soll, da diese Zalwörter die bestimmte Declination nicht haben, wie zwei und drei, sondern man muß sagen: Diese Geschichte weiß ich aus dem Munde von tausend Zeugen. Daher kömmt es, daß man im gemeinen Leben dieß von statt des Genitivi so oft gebraucht findet, wo es nicht nöthig wäre, und wo man es im Schreiben für fehlerhaft halten würde. — Aber auch dieß abgerechnet, daß das Substantivum durch sein Bestimmungswort keine nähere Bezeichnung des Casus erhält, so findet sich doch noch zwischen den beiden alten Sprachen und dem Deutschen ein auffallender Unterschied in der Declination und in dem Gebrauch der Adjective, welcher mit den daraus entspringenden Vortheilen und Män-

Mängeln, so viel es in der Kürze geschehen kann, näher erwogen zu werden verdient.

In einigen Stücken kommen die Adjective aller drei Sprachen mit einander überein, ohne daß man in irgend einer, einen merklichen Vorzug gewahr würde. Dahin gehört:

1) Die Bezeichnung des Geschlechts an den Adjectiven, oder die Motion, welche in den Sprachen, wo den Substantivis ein Geschlecht beigelegt ist, ziemlich natürlich war. Denn jedes Substantivum kann nur ein Geschlecht haben. Da aber dieselbe Eigenschaft an mehrern selbstständigen Dingen befindlich seyn kann, so muß auch jedes Adjectivum, so viel Genera haben, als es Geschlechter von Substantivis giebt, um jeden derselben beigelegt werden zu können.

2) Die Steigerung. Da man von jeder Eigenschaft und Beschaffenheit einer Sache,

mit

mit einer andern verglichen, einen höhern und höchsten Grad denken kann, so hat man auch dieses Verhältniß durch Biegung ausgedrückt.

Aber in Ansehung der Declination der Abjective, sie mögen nun so blos mit der Bezeichnung des Geschlechts dem Substantiv beigelegt werden, oder sie mögen gesteigert seyn, findet sich ein merklicher Unterschied. Im Lateinischen und Griechischen hat man den einfachen Grundsaz, daß alle Bestimmungswörter des Substantivs, welche die Form des Adjectivi haben, demselben in allen seinen zufälligen Veränderungen folgen müssen, strenge gefolgt. Man hat daher auch dieselben Endungen, welche das Geschlecht und die Casus bezeichnen, von den Substantivis entlehnt, welche jedes Adjectivum unveränderlich beibehält.

Im Deutschen hingegen hat man, wie bekannt, für die Bestimmungswörter des Substanstantivs eine zwiefache Declination, eine unbestimmte, welche blos die Biegung andeutet, und eine bestimmte welche zugleich den Casum und das Geschlecht bezeichnet. Man hat es aber für hinlänglich gehalten, wenn ein Substantivum mit mehrern Bestimmungswörtern verbunden ist, dieß an ihnen nur einmal auszudrücken. Daher in den gewöhnlichen Fällen nur ein Bestimmungswort und zwar das erste die bestimmte Declination hat. — Hier ist also jede Sprache ihren eignen Weg gegangen, welches in mehrern Fällen geschieht und nicht zu tadeln ist, so lange beide Wege gleich gut sind und keiner Veranlassungen zu Mängeln giebt, von welchen der andre nichts weiß. — Dieß ist aber bei der Declination der Adjective der Fall nicht. Es ist nicht abzusehen, was das Deutsche dadurch gewinnt, daß es Geschlecht und Casum nur einmal bestimmt, wenn mehrere Adjective mit einem Substantivo ver-

bun-

bunden werden; wol aber wird man mannigfaltige Mängel gewahr, welche durch diesen angenommenen und von dem grossen Haufen, der die Sprache bildete, dunkel befolgten, Grundsaz veranlaßt werden. — Denn daß die Sprache hier das Ueberflüssige vermieden habe, ist für keinen Grund und für keinen Vortheil zu rechnen, weil die Unvollkommenheiten, welche daraus entspringen, jenen kleinen Aufwand an einzelnen Silben oder Buchstaben, welchen man dadurch erspart, bei weitem überwiegen. Die Sprache hätte auch durch genaue Bezeichnung des Geschlechts und des Casus von allen Adjectivis mehr Regelmäßigkeit erhalten, und so würde dieß eben deswegen nichts Ueberflüssiges gewesen seyn. Da es hier nur um die Uebersicht des Ganzen zu thun ist, so will ich nur einige Hauptmängel kurz angeben, ohne mich auf die kleinern Ausnahmen,

nahmen, welche den Wollklang mehrentheils zur Ursache haben, einzulassen.

1) Einige Wörter haben blos die bestimmte Declination, wie die Artikel, die Zalwörter (nur die allgemeinen jeder und jeglicher ausgenomen) und die Pronomina, (ausser den Abstractis mein, dein, sein u. s. w.) Ist also unter den Bestimmungswörtern des Substantivs eins von diesen das zweite oder dritte, so macht es die Ausnahme, daß nicht blos das erste die bestimmte Declination erhält, wie es doch seyn müste. So sagt man z. B. um dieses deines Vortheils willen, da man doch wenn das zweite Wort eine unbestimmte Declination litte, diese nehmen müste, wie man z. B. sagt; um dieses grossen Vortheils willen.

2) Einige Bestimmungswörter haben gar keine oder eine sehr mangelhafte Declination, wie unter den Adjectiven allerhand, allerlei, von Zalwörtern haben zwei und drei nur den Genitivum

nitivum und Dativum, und die übrigen auch diese Casus nicht. Die Pronomina sind auch mangelhaft. Wenn nun unter den Bestimmungswörtern des Substantivs eins von diesen das erste ist, kann es in den mangelhaften Casibus nicht die bestimmte Declination ausdrücken, wie es doch seyn müste, daher bekommt dann das zweite dieselbe. So sagt man z. E. viel guter Wein. Hätte hingegen viel im Nominativo die bestimmte Declination, könnte man regelmässig sagen vieler gute Wein.

Einige nicht einmal in den mangelhaften Wörtern gegründete, sondern willkührlich durch den Gebrauch bestimmte Ausnahme sind noch:

1) Daß im Nominativo so wol des Singularis als Pluralis nicht ein Adjectivum, sondern alle die bestimmte Declination annehmen; ein guter alter ehrlicher Mann; diese guten alten ehrlichen Leute.

2) Daß

2) Daß nach den allgemeinen Zalwörtern und einigen Pronominibus das Adjectivum im Accusativo und Nominativo des Pluralis nicht en, sondern e, hat; wie: einige gute Dichter; viele grosse Männer.

3) Daß der weibliche Genitiv und Dativ der bestimmten Declination oft en, statt er, hat, wenn ein Genitiv vorher geht; mit deines Vaters gütigen Erlaubniß.

Es darf freilich niemand wundern, daß der Sprachgebrauch hier so oft abweichend ist, weil das dunkle Gefühl, welches ihn leitet, bei einem so kleinen feinen Unterschied leicht irre gehn und getäuscht werden konnte. Allein eben deswegen halte ich den Grundsaz, welchen Römer und Griechen befolgten, jedem Adjectivo, Casus und Geschlechtszeichen anzuhängen für besser, weil er einfach ist, und die Empfindung des grossen Haufens nicht leicht hintergehen konnte, besonders, da bei jenem Unter=

Unterschied, den die deutsche Sprache macht, im Ganzen nichts gewonnen wird.

Aus dem bisherigen ergiebt sich also, daß diese Sprachen zwar um die Verhältnisse der selbstständigen Dinge gegen einander zu bezeichnen, denselben Weg betreten sind, aber doch mit einer merklichen Verschiedenheit. Das Griechische und Lateinische arbeitet sichtbar darauf hin, sie alle durch Endungen an dem Wort selbst hörbar zu machen. Das Deutsche kann nur wenige Verhältnisse genau durch Casus ausdrücken und sieht sich also gezwungen, oft Präpositionen zu gebrauchen. Hiedurch verliehrt es freilich an Kürze, aber es gewinnt an Deutlichkeit. Denn obgleich die beiden ältern Sprachen mehrere Casus haben, als das Deutsche, so reichen sie doch nicht hin, um jedes Verhältnis eines Substantivs besonders auszudrücken, sondern jeder Casus bezeichnet

mehrere

mehrere Verhältnisse. Drückt man aber diese einmal durch Präpositionen aus, so kann man bei der grössern Menge derselben, die jedesmal schickliche wählen, und dadurch der Rede mehr Deutlichkeit ertheilen. Gerade also die Unvollkommenheit der deutschen Declination hat der Sprache den Weg zu einer andern Art von Vollkommenheit gebahnt. Aber das verwickelte, Unregelmässige derselben bleibt immer ein Mangel, welcher die Sprache nicht blos für den Ausländer, sondern selbst für den Deutschen schwer macht, welcher sie gründlich und mit einiger Deutlichkeit kennen will. Freilich hängt auch in den beiden ältern Sprachen beim Decliniren manches vom Gebrauch ab, aber es sind doch nur einzelne Ausnahmen. Im Deutschen hingegen läßt sich in den mehresten Fällen ganz und gar nichts nach allgemeinen Regeln festsezen, sondern alles kömmt auf den willkührlichen Gebrauch an. Dahin gehört, daß

daß man es einem Wort nicht ansehen kann, nach welcher Declination es geht; daß das e im Genitiv oft verbissen wird, oft nicht, welches blos vom Wolklang abhängt, aber nicht von einem solchen, der sich bestimmen liesse, wie im Griechischen, sondern von einem sehr willkührlichen: daß im Plural viele Wörter den Umlauf haben, viele nicht, manche Endung und Umlauf zugleich, aber ohne es in den meisten Fällen nach festen Regeln bei dem Wort selbst bestimmen zu können, was jedesmal statt finde; daß viele Wörter einen doppelten Pluralis haben, auf e und er, wenn die Bedeutungen verschieden sind, z. E. Schilde und Schilder, Worte und Wörter, wobei alles lediglich auf den Gebrauch ankömmt; daß die eignen Namen ihrer besondern Biegungsart folgen; daß die Adjective zweierlei Declination haben. Wird gleich bei diesen leztern wol eine herrschende Analogie befolgt, so ist doch

doch nicht zu leugnen, daß sie sehr verwickelt ist, — dadurch die Sprache erschwert und ihr einen grossen Schein der Unregelmäßigkeit giebt. Dies alles sind Mängel, welche die beiden alten Sprachen zum Theil gar nicht, zum Theil, wenn sich auch etwas Aehnliches an ihnen zeigt, bei weitem nicht in dem Maasse an sich haben.

So wie man die Verhältnisse der selbstständigen Dinge gegeneinander an den Nominibus durch die Declination ausdrückt, so bezeichnet man auch an dem Verbo selbst manche Umstände durch kleine Veränderungen desselben, welches man Conjugation nennt. Das Verbum ist das Mittel, wodurch man in der Rede einem Subject etwas beilegt. Ist dieß eine Beschaffenheit, ein Zustand, eine Handlung, welche in dem Subject selbst nur vorgeht, wie grünen, sizen, gehen, lachen so nennt man es es Intransitivum. Dieß kann seiner Natur nach nur eine Form haben. Andre sezen zwei selbstständige Dinge voraus, unter welchen das eine thätig, das andre leidend ist, wie schlagen, und diese nennt man Transitiva. Ist der thätige, handelnde Gegenstand das Subject des Stolzes, so ist die Form, welche bloß Verhältniß ausdrücket, das Activum, z. E. ich schlage den Hund; ist hingegen der leidende Gegenstand das Subject, so entsteht das Passivum; der Hund wird geschlagen. Unter den Transitivis aber können der leidende Gegenstand und das thätige Subject verschiedene selbstständige Dinge seyn, welches der gewöhnliche Fall ist, und also durch das ordentliche Activum bezeichnet wird; Oder, das thätige Subject ist zugleich der leidende Gegenstand; dann entstehen die Reciproca, sich schlagen. Für alle diese Begriffe muß jede Sprache nothwendig Ausdrücke haben. Nur in der Art

der

der Bezeichnung findet sich in manchen Sprachen ein merklicher Unterschied. Einige drücken das durch Umschreibungen aus, was andre
an dem Wort selbst durch eine geringe Veränderung bezeichnen. Das Deutsche ist hier
am eingeschränktesten. Denn es hat weder
eigentliches Passivum noch Reciprocum, son=
dern blos das Activum, dessen es sich so wol
für die Transitiva als Intransitiva bedient.
Wollen wir dasselbe ausdrücken, was Griechen
und Römer vermittelst des Passivi mit einem
Wort sagen, amor, amabar, $\varphi\iota\lambda\epsilon o\mu\alpha\iota$, $\dot\epsilon\varphi\iota\text-$
$\lambda\dot\upsilon\mu\eta\nu$, so müssen wir durch mehrere Wörter
umschreiben, ich werde geliebet, und ich ward
geliebet. Hiebei hat das griechische Passivum
das eigen, daß es auch den persönlichen Ge-
genstand mit ausdrückt; wie $\dot\omega\varphi\epsilon\lambda\dot\epsilon\omega$, ich
nüze, $\dot\omega\varphi\epsilon\lambda\dot\epsilon o\mu\alpha\iota$, mir wird genüzt; $\dot\epsilon\nu\epsilon\rho\text-$
$\gamma\epsilon\tau\dot\epsilon\omega$, ich thue wol; $\dot\epsilon\nu\epsilon\rho\gamma\epsilon\tau\dot\epsilon o\mu\alpha\iota$, mir
wird

wird wolgethan. *)   Auch darin wird das Lateinische vom Griechischen übertroffen, daß dieses sein eignes Reciprocum hat, das sogenannte Medium.   So heißt z. B. λοῦσαι, waschen, λουϑῆναι, gewaschen werden, λούσασϑαι, sich waschen.   Was hier der Grieche mit einem Wort sagt, müssen Römer und Deutsche durch ein Transitivum mit dem Pronomine reciproco ausdrücken.   Und zwar
wird

---

*) Es wird also im Griechischen eigentlich der Dativ der Person ein Nominativ im Passivo, welches im Deutschen blos der leidende Gegenstand werden kann. Daher muß man es auch erklären, daß im Griechischen das Passivum alsdann mit dem Accusativo construirt werden kann, wie beim Plutarch: Λυκοῦργος τὴν τῆς πόλεως ἐπιμέλειαν ἐπιςεύϑη, welches nach deutscher und lateinischer Art zu reden heissen müßte: Λυκούργῳ ἡ τῆς πόλεος ἐπιμέλεια ἐπιςεύϑη.

N.

wird das griechische Medium in beiden Fällen gebraucht, wo das thätige Subject der leidende, und auch wo es der persönliche Gegenstand ist. So ist ἐκειράμην, ich habe mich scheren laßen, und ἐκειράμην κόμην, ich habe mir das Haar scheren laßen. Unser deutsches Reciprocum der dritten Person: sich gebrauchen wir gerade so: Er hat sich scheren laßen, und er hat sich das Haar scheren laßen. Weiter sind die Griechen im Unterscheiden nicht gegangen. Sie begreifen nemlich unter dem Medio noch mehrere Fälle, wodurch der Gebrauch deßelben immer schwankend bleibt. Das Reciprocum auszudrücken scheint, seine eigentliche Bestimmung zu seyn. Aber man braucht es dann auch, so zu sagen, als ein factitives Reciprocum; z. B. διδάξαι τινα heißt jemanden unterrichten; διδάξασθαι, sich unterrichten, oder lernen, wie Theognis: ἐσθλῶν γαρ ἀπ' ἔσθλα ἄσθλα διδάξεαι; aber auch zugleich factitiv, sich unterrichten laſſen. Die Griechen ſind alſo bei dem Gebrauch des Medii da ſtehen geblieben, wo ſie in den älteſten Zeiten mit vielen Intranſitivis waren, welche ſie zugleich als Factitiva brauchten, z. B. βάω, ich gehe, aber wenn ein leidender Gegenſtand genannt iſt, ich mache gehen, führe. So kömmt dieß Wort beim Homer Il. A. 438. und 439. in zwei auf einander folgenden Verſen in beiden Bedeutungen vor, wo von den Griechen geſagt wird.

Ἐκ δ᾽ ἑκατόμβης βῆσαν ἑκηβόλῳ Ἀπόλλωνι

Ἐκ δὲ χρυσηῒν νηὸς βῆ ποντοπόροιο.

Das einemal, die Griechen (ἐξέβησάν τι) brachten heraus, das andremal bloß: Chryſeus (ἐξέβη) gieng heraus. Im Lateiniſchen iſt daſſelbe z. E. manere, bleiben, manere aliquem

aliquem, jemanden erwarten. Auch im Deutschen findet man davon Spuren, z. B. erschrecken kann heissen, in Schrecken gerathen — und — jemanden Schrecken verursachen. Aber je mehr Cultur eine Sprache erhält, desto mehr entledigt sie sich solcher schwankenden Ausdrücke, oder giebt ihnen bei veränderter Bedeutung auch eine kleine Aenderung im Ton. So ist das Stammwort βάω, βαίνω in spätern Zeiten blos des Intransitivum gehen, und βιβάζειν das Factitivum gehen lassen. Etwas Aehnliches haben auch Römer und Deutsche. Aus den Intransitivis sizen, liegen, trinken, schwimmen, werden blos durch den Umlaut die Factitiva, sezen, legen, tränken, schwemmen; Pendēre, hengen, und pendĕre hängen, iacēre liegen und iacĕre liegen machen, werfen, unterscheiden sich blos durch das lange und kurze e. Also, wie gesagt, bei den Intransitivis ist man bald, auch im Griechischen dahin gekommen,

men, es nicht blos durch die Construction, sondern auch an dem Wort selbst anzudeuten, wenn sie eine transitive Bedeutung haben sollten. Aber beim Verbo Reciproco haben die Griechen es nicht zu dieser Vollkommenheit gebracht. Es hat dieselbe äussere Form, es mag ein blosses Reciprocum oder zugleich factitiv seyn. Dies unbestimmte wird noch dadurch vermehrt, daß es bisweilen die ganze reciproke Bedeutung verliehrt, wenn ein andrer leidender Gegenstand genannt wird, und dann blos die factitive Bedeutung behält. So läßt Plato z. B. den Socrates im Meno (S. 50 der Biesterschen Ed.) sagen: Θεμιϛοκλῆς Κλεόφαντον τὸν υἱὸν ἱππέα ἐδιδάξατο ἀγαϑόν; Themistokles lies den Kleophant unterrichten; und gleich darauf wieder καὶ ἄλλα καὶ ϑαυμαϛὰ εἰργάζετο, ἃ ἐκεῖνος αὐτὸν ἐπαιδεύσατο, καὶ ἐποίησε σοφὸν, ὅσα διδασκάλων

λων ἀγαθῶν εἴχετο; Kleophant machte viele bewundernswürdige Sachen, in welchen Themistocles ihn, so weit es von guten Lehrern abhieng, hatte unterrichten laſſen. Hier verliehrt alſo das ἐδιδάξατο, ἐπαιδεύσατο ſeine ganze reciproke Bedeutung. Daher auch gleich darauf eben ſo gut das Activum gebraucht wird: Περικλῆς τὰς υἰὰς αυτῦ ἱππέας ἐδίδαξεν ὐδενὸς χείρυς τῶν Αθηναίων, καὶ μυσικὴν ἐπαίδευσεν. So ſehr man alſo auch den Vorzug des Griechiſchen wegen dieſer reciproken Form erkennen muß, ſo iſt doch nicht zu leugnen, daß auch hier ſich mehr Vollkommenheit denken lieſe, daß das Schwankende im Gebrauch derſelben ihren Werth ſehr verringert und daß das Lateiniſche und Deutſche, da es einmal ſein Verbum reciprocum durchs Pronomen reciprocum umſchreiben muß, wenigſtens das Gute hat, ſehr beſtimmt zu reden,

ein

ein Vorzug, weswegen diese Sprachen das Griechische wegen des Medii nicht beneiden dürfen.

Um die Art und Weise auszudrücken, wie das Verbum von dem Subject prädiciret wird, hat es in jeder Sprache seine Modos. Hierin kommen alle drei Sprachen ziemlich überein. Jede hat ihren Indicativum, Conjunctivum, Imperativum und Infinitivum. Doch ist im Deutschen der Conjunctivus vom Indicativo oft sehr wenig unterschieden. Auſſer der dritten Person des Singularis, lauten alle Personen des Präsentis überein; nur manche unregelmäſ-sige Verba machen durch den Umlaut einen merklichern Unterschied. Das Imperfectum würde aber immer in beiden Modis gleichlautend seyn, wenn es nicht im Indicativo bisweilen zusammengezogen werden könnte, welches der Conjunctivus nicht verstattet; Er liebte,

liebte, u. daß er liebte. So wie das Deutsche hier etwas zurückbleibt, so zeigt das Griechische wieder durch die Bildung des Optativi eine etwas grössere Biegsamkeit. Man gebrauchet ihn beim Wünschen, Rathen, Erlauben, bescheidnen Befehlen, welches Amt im Lat. und Deutschen der Conjunctivus mit verwalten muß. Obgleich nun auch der Gebrauch dieses Modi ziemlich schwankend ist, so ist doch nicht zu leugnen, daß das Griechische hierin eine kleine Vollkommenheit mehr habe, theils weil ein wirklich verschiedener Nebenbegriff auch durch einen verschiedenen Biegungslaut an dem Verbo ausgedrückt wird, theils, weil die Sprache dadurch an Feinheit gewinnt; Denn die Höflichkeit und Freiheit, mit welcher der Grieche vermittelst seines Optativi redet, kann weder das Lateinische, noch irgend eine neuere Sprache völlig erreichen, wenn sie auch

bis-

bisweilen durch Umschreibung denselben Begriff auszudrücken sucht.

Eine der Hauptbestimmungen, welche an dem Verbo bezeichnet werden, ist die Zeit in welcher das Prädikat dem Subject zukömmt. Diese kann der Natur nach eigentlich nur dreifach seyn, die vergangene, gegenwärtige und zukünftige. Auch in Bezeichnung dieses Verhältnisses an dem Verbo selbst, ist das Deutsche sehr sparsam. Es geschieht blos beim Präsenti und Imperfecto. Das Lateinische und Griechische hingegen drückt nicht blos alle drei Zeitbestimmungen an dem Wurzelwort des Verbi aus, sondern selbst die verschiedenen Grade und Bestimmungen, welche man sich bei der vergangenen und zukünftigen Zeit denken kann. — Wird eine Handlung blos als vergangen angegeben und nicht mit einer andern verglichen, so hat man dafür im Lateinischen und Griechischen das Perfectum; amavi, πεφίληκα. Dieß ist das gewöhnliche Tempus im historischen Stil, wenn von einer gänzlich vollendeten Handlung die Rede ist, obgleich jene sich auch bisweilen des Imperfecti, und diese noch dazu der Aoristorum bedienen. Im Deutschen hingegen ist im simpeln historischen Stil das Imperfectum das Gewöhnliche. Sollte dies nicht daher rühren, weil die Deutschen ursprünglich nur dies einzige Tempus haben, die vergangene Zeit zu bezeichnen? — Wird eine Handlung in Ansehung der Vergangenheit mit einer andern auch vergangenen Handlung verglichen, so finden zwei Fälle statt; Entweder die eine Handlung war noch nicht vollendet, als die andre, mit welcher sie verglichen wird, anfieng; dann wird das Imperfectum gebraucht; oder die eine Handlung hatte schon völlig aufgehört, als die andre darauf erfolgte. Dann bedient man

man sich des Plusquamperfectt. Eben so kann man die zukünftige Zeit ohne Rücksicht auf eine andre Handlung betrachten, amabo — oder in Rücksicht darauf, quum amavero; dies ist das Futurum exactum, welches die mehresten ältern Sprachlehrer zum Futuro Conjunctivi rechnen. — Alle diese verschiedenen Tempora, welche im Lateinischen und Griechischen durch Biegung an dem Wurzelwort des Verbi selbst bezeichnet werden, kann man im Deutschen blos durch Umschreibungen ausdrücken. Doch steht auch das Lateinische dem Griechischen an Biegsamkeit darin nach, daß es in keinem Modo des Passivi ein Perfectum, Plusquamperfect, und Futurum exactum hat, sondern diese Tempora eben so, wie im Deutschen, umschreiben muß. Als etwas besonderes haben die Griechen noch die Aoristos. Oft brauchen sie sie als Präterita blos zur Abwechselung. Bisweilen haben sie aber doch

Neben-

Nebenbegriffe, welche in andern Sprachen durch Umschreibungen ausgedrückt werden müssen. Vorzüglich ist ihr Gebrauch in zusammengesezten Perioden, wo der Vorsaz den Aoristus 1. oder auch das Imperfectum; der Nachsaz den Aorist 2. hat. Doch findet man auch hievon Ausnahmen und bisweilen den Aoristum 1. im Nachsaz. Sie sind also oft ein gutes Hülfsmittel die Vordersäze von den Nachsäzen zu unterscheiden. Im Dentschen ist hiezu das sehr bestimmte Mittel, die Partikel so, welche beiden Sprachen fehlt, und welche also ein wirklicher Vorzug unsrer Muttersprache ist. Indessen ist auch das zu bemerken, daß die Alten nicht so häufig zusammengesezte Perioden haben, als wir, sondern da, wo wir den Vorsaz haben ihre Participia gebrauchen können. Ueberdas wird der Aoristus 1. noch von Dingen gebraucht, welche gewöhnlich geschehen, und wo man im Lat. durch solere im Deutschen

schen durch pflegen umschreibt. So sagt Socrates: τάς μὲν τῶν φαύλων συνηθείας ὀλίγος χρόνος διέλυσε, τὰς δὲ τῶν σπουδαίων φιλίας ἐδ' ἂν ὁ πᾶς αἰὼν ἐξαλείψειεν. „Eine kurze Zeit pflegt die Verbindun„gen der Lasterhaften zu zernichten, die Freund„schaften der Tugendhaften störet keine Ewig„keit." — Dieß ist auch der häufigste Fall, in welchem man den Aor. 1. im Präsenti übersezen kann. Hieraus ergiebt sich also, daß wenn man die Aoristos auch als etwas Vorzügliches im Griechischen ansehen will, man doch ihren Werth nicht zu hoch anschlagen müsse.

In der Bestimmung des Verbi nach den drei Personen kommen alle drei Sprachen darin überein, daß sie sie durch Biegung bezeichnen. Das Deutsche thut das Uebrige, daß es, es, auſſer dieſer Biegung, noch die Pronomina perſonalia vorſezt. Da jede Perſon wieder einfach oder mehrfach ſeyn kann, ſo entſtehen natürlich in allen Sprachen der Singularis und Pluralis. Nur das Griechiſche muß auch bei den Verbis ſeinen Dualis haben, da es einmal gewohnt iſt, die ſelbſtſtändige Dinge in der zwiefachen Zal durch eine eigne Biegung zu bezeichnen. Nur hat er, meinem Bedünken nach, hier eben ſo wenig Werth, als beim Nomine, weil er nicht in der Natur gegründet und der Gebrauch deſſelben ſchwankend iſt, wie ſchon bei der Declination gezeigt worden. Eben ſo geringe iſt die Biegſamkeit der deutſchen Sprache in Bildung gewiſſer vom Verbo abgeleiteten Wörter, welche man eben ihrer Ableitung wegen, und weil ſie den Nebenbegriff der Zeit von ihrem Stammwort mit ſich führen, im Lateiniſchen und Griechiſchen mit zum Verbo zu rechnen pflegt, ich

meine

meine die Participia und das sogenannte Gerundium und Supinum.

Die erste Gattung von dergleichen abgeleiteten Wörtern, find Adjectiva mit dem Nebenbegriff der Zeit, weil der Begriff des Verbi dem Subject auch als eine Beschaffenheit oder Eigenschaft beigelegt werden kann, welche man Participia nennt. Da das Deutsche ursprünglich nur zwei Tempora hat und nur in einer einzigen Form, so kann es auch nicht mehr Participia aus sich selbst bilden. Diese hat es indessen wirklich; das Participium Praesentis liebend, und das Participium Praeteriti geliebt. Etwas biegsamer ist das Lateinische; welches im Activo ein Participium Praesentis hat, (amans) und ein Partic. Futur. (amaturus) im Passivo hingegen ein Participium Praeteriti (amatus) und Futuri (amandus.) Das Griechische übertrift hier aber beide Sprachen weit,

weil

weil es in allen drei Vocibus von allen Temporibus, nur das Perfectum und Plusquamperfectum ausgenommen, dergleichen Adjectiva herleitet. Die grossen Vortheile welche diese Sprachen dadurch in der Verbindung der Wörter und dem Bau der Perioden erhalten, werden sich in der Folge zeigen.

Die im Lateinischen sogenannten Gerundia sind im Grunde blose Casus des Partic. Futuri Passivi im Neutro. Da wir kein solches Participium haben, so kann jenes auch nicht seyn; und man muß es also gleichfalls umschreiben. Dieß geschieht durch den Infinitiv. Selbst die Griechen wählen oft dieselbe Art der Umschreibung, ob sie gleich ein Part. Fut. haben; z. E. tempus est abeundi — eigentlich es ist die Zeit des Weggehen müssen, d. i. wegzugehen; so sagt auch der Grieche: ὥρα

ὥρα ἤδη ὑμῖν ἀπιέναι, oder mit dem Artikel τῦ ἀπιέναι. — Καιρὸς ἐςι τῦ λέγειν, tempus est dicendi. In beiden Sprachen ist also die Construction, als wenn zwei Nomina zusammen stehen, wovon der Begriff des erstern durch das leztere erklärt wird. — Einen andern Gebrauch machen die Römer von diesem Participio, oder, wenn man will, Gerundio, wenn sie es mit der dritten Person des Verbi esse verbinden, z. E. eundum est, eundum erat, eundum fuit, fuerat, erit, und eben so im Conjunctivo, und also es dann zusammen als ein Impersonale betrachten. Man kann sich den ganzen Ursprung und Gebrauch desselben vielleicht auf folgende Weise am deutlichsten machen. In den Redensarten epistola scribenda, amicus amandus, caput præscindendum ist blos ein Nomen mit dem Participio Futuri, welches wir im Deutschen nur umschreiben müssen, ein Brief, welcher geschrieben werden muß,

muß. Es gelten diese Redensarten dann einem Substantivo mit einem Adjectivo gleich. Durch Zusezung des Verbi esse entsteht ein periphrastisches Futurum im Lateinischen, welches die Bedeutung des Zwanges und der Nothwendigkeit mit sich führt, scribenda est epistola; amicus est amandus. In diesem Fall brauchen die Griechen ihr eignes, von der dritten Person des Perfectivi Passivi abgeleitetes Adjectivum; γραπ]έα ἡ ἐπιϛολὴ, φίλος τιμητέος. Man sieht leicht daß in allen den angeführten Fällen der leidende Gegenstand des Verbi das Subject der Rede wird. Wenn ich sage scribo epistolam, so ist epistola der leidende Gegenstand, dieser wird aber zum Subject in der Redensart scribenda est epistola. Wie wenn nun aber schon ein Subject da ist; z. E. Ich muß einen Brief schreiben? — Dann macht man bleß eigentliche Subject zum persönlichen Gegenstand

scribenda

ſcribenda mihi eſt epiſtola. γραπ]έα ἐμοι ἐπιϛολή. Daraus ergiebt ſich daß dieſe Art zu reden eigentlich nur dann angienge, wenn ein leidender Gegenſtand da iſt, alſo nur bei Verbis Tranſitivis. Denn bei Intranſitivis giebt es keinen leidenden Gegenſtand, der bei dieſer Redensart in die Stelle des Subjects treten könnte. Im Deutſchen würden wir in dem Fall unſer es brauchen und alſo z. B. ſagen, es iſt mir zu gehen. Ein ſolches es, welches im Nothfall die Stelle des Subjects vertritt, haben die Lateiner nicht, ſondern ſezen dafür ihr Neutrum. So geht's auch hier. Man ſagt alſo, eundum mihi eſt. Dieß iſt dann das was man Gerundium nennt. Alſo geht das Gerundium in dum mit eſt eigentlich bei Intranſitivis, und bei Tranſitivis nur dann an, wenn der leidende Gegenſtand nicht genannt iſt; ſcribendum mihi eſt. Und doch findet man ihn bisweilen genannt, ſcribendum mihi

mihi eſt epiſtolam. Allein dieß geſchieht von wenigen Schriftſtellern, mehrentheils nur von Dichtern. Die Römer bedürfen dieſer Art zu reden auch nicht, da ſie eben ſo kurz und richtiger ſagen können, ſcribenda mihi eſt epiſtola. Wenn alſo auch z. B. Virgil ſagt, *Pacem troiano ab rege petendum* für pax petenda oder Lukrez. *Aeternas quoniam pœnas in morte timendum* für pœnæ timendæ; ſo halte ich das für Nachahmung der griechiſchen Conſtruction; z. E. γραπ]έον ἐμοι ἐπιϛογὴν; νέοις ζηλωτέον τὰς γέροντας. — Frägt man aber, ob die Deutſchen etwas bei dem Mangel des Gerundii oder Adjectivi Verbalis der Griechen verlieren, ſo glaube ich; nein. Denn was iſt es bei beiden anders als Umſchreibung, und drücken ſie durch ihre Redensarten, ſcribendum mihi eſt, γραπ]έον ἐμοὶ ἐϛιν, etwas kürzer oder beſſer aus, als was wir durch eine andre

Art

Art von Umschreibung, ich muß schreiben, ich habe zu schreiben, sagen?

Auſſer dieſem haben die Römer auch noch ein vom Verbo abgeleitetes Subſtantivum, welches aber nur im Accuſativo und Ablativo üblich iſt und welches man gewöhnlich das Supinum auf u und um nennt. Es findet ſich nichts Aehnliches weder im Griechiſchen noch im Deutſchen. Aber beide Sprachen bedürfen es auch nicht ſo, wie das Lateiniſche. Denn da ſie beide einen Artikel haben, ſo können ſie den Begriff des Verbi als ein Subſtantivum durch den Infinitivum mit Vorſezung des Artikels ausdrücken. Im Lateiniſchen hingegen kann der Infinitiv blos im caſu ſubjecti als Subſtantiv gebraucht werden, weil kein Artikel da iſt, welches die übrigen Caſus andeuten könnte. Wenn alſo der Römer ſagt: cubitum abit, cubitu ſurgit, ſo ſagen wir Deutſchen:

Deutschen: er geht zum Schlafen, (oder; zu Bett,) er steht auf vom Schlafen; und die Griechen ἔρχεται εἰς τὸ κοιμᾶσθαι, ἀνίϛαται ἀπὸ τȣ̃ κοιμᾶσθαι. Oft müssen indessen, die Deutschen sowol, als die Griechen es umschreiben, jene durch den Infinitivum schlecht weg, und diese gleichfalls oder auch durchs Particiulum; er geht schlafen, ἔρχεται κοιμησόμενος; πέτρα χαλεπὴ λαβεῖν, arx captu difficilis, oder ad capiendum. Eben so spectatum venit, er kömmt zuzusehen, oder, zum Zusehen, ἔρχεται θεασόμενος oder εἰς τὸ θεᾶσθαι. Aber was verliehren beide dadurch, daß sie das unvollständige Prädikat auf eine andre Weise deutlicher machen, als die Römer? Und von wie vielen Verbis ist dann das Supinum im Gebrauch? Auch sie müssen ja unzäligmal zu Umschreibungen durch's Gerundium, durch's Participium, oder durch

ihre

ihre Zuflucht nehmen. So nachtheilig der Mangel an Participiis in mancher Rücksicht dem Deutschen ist, so wenig verliehrt es durch den Mangel an Supinis und Gerundiis oder solchen Adjectivis Verbalibus, wie die Griechen haben, obgleich die Biegsamkeit dieser Sprachen in Bildung solcher Wörter nicht zu verkennen ist.

Um sich aber den Unterschied der Biegsamkeit in Ansehung des Verbi im Griechischen und Deutschen recht anschaulich zu machen, übersehe man einmal mit einem Blick die Beschaffenheit der Conjugation in beiden Sprachen. Im Griechischen unterscheidet man an dem Wurzelwort des Verbi drei in der Natur sehr merklich unterschiedene Gattungen von Wörtern durch drei Formen, bezeichnet die mancherlei Abstufungen der Zeit, durch acht, im Passivo gar durch neun, und im Ganzen also

durch

durch 25 Tempora, und leitet von diesen allen (wenn man das Imperfectum und Plusquamperfectum ausnimmt,) eben so viel Adjectiva her, ohne einmal den Optativum, den das Griechische voraus hat, mit in Anschlag zu bringen. Das Deutsche hingegen hat nur eine Form und in dieser zwei Tempora, und nur eben so viel Participia. Jenen Reichthum von Wörtern muß es also jedesmal umschreiben. Und hiezu sind die Verba haben, seyn und werden, behülflich. An jene hat es den Begriff der Vergangenheit geknüpft, an dieses, wenn es mit dem Infinitivo verbunden wird, den Begriff der Zukunft, und mit dem Participium Präteriti den Begriff des Leidens. Diesen Gebrauch von Hülfswörtern, um die verschiedenen Zeiten auszudrücken, hat es mit allen neuern europäischen Sprachen gemein. Nur sind die mehrsten bestimmter in dem Ausdruck der vergangenen Zeit. Wir brauchen zu diesem

sem Endzweck bald das Verbum seyn, bald haben, ohne daß man genau angeben könnte, wann jedes gebraucht werden müsse. Freilich ist die Regel leicht, daß die Verba, bei welchen das Subject mehr leidend gedacht wird, seyn, und bei welchen es mehr thätig gedacht wird, haben, annehmen. Aber wie schwer und verwickelt ihre Anwendung! Wie viel da der Regeln! — Und dennoch bekommen sie viele Verba, die einen Zustand anzeigen, wo also die Bedeutung offenbar mehr leidendes hat, das Verbum haben, manche nach verschiedenen Bedeutungen, beide zugleich, bei manchen ist der Gebrauch schwankend, so daß am Ende doch alles auf einen ziemlich willkührlichen Gebrauch und auf Uebung ankömmt, und durch Regeln wenig gewonnen wird, ausser daß man dadurch die Analogie durchscheinen sieht, welche die Deutschen ohngefehr dunkel befolgten. Ueberdas wird das Deutsche noch sehr durch die vielen

unregel-

unregelmäſſigen Verba erſchwert, welche bei weitem den gröſſern Theil derſelben ausmachen, und bei welchen Regeln ſehr wenig Hülfe verſchaffen, ſondern alles von dem bloſen Gebrauch abhängt. Hingegen ſind die wirklich unregelmäſſigen Verba in den beiden ältern Sprachen ſehr einzelne Ausnahmen und manche derſelben folgen doch einer Analogie, und haben etwas regelmäſiges an ſich; ja manche befolgen nur die allgemein in der Sprache angenommenen Geſeze des Wolklanges, indem ſie von der gewöhnlichen Form der Verborum abweichen; und würden, wenn ſie es nicht thäten, gegen die erſten Grundgeſeze der Sprache anſtoſſen. Wenn z. B. die Verba im Griechiſchen, welche vor der Endung ω ein λ, μ, ν, ρ, haben, im erſten Futuro und den davon abgeleiteten Temporibus das charakteriſtiſche σ nicht annehmen, ſo folgen ſie darin dem allgemeinen Geſez des Wolklanges,

nach

nach welchem man hinter einer liquida nicht gern ein σ ausſprach. In ältern Zeiten bildete man auch dieſe Tempora nach der gewöhnlichen Form. Homer ſagt z. B. nach ὦρσε, ἔλσαι, ἐπικύρσας. Allein die Zuſammenkunft dieſer Conſonanten war dem Gehör der ſpätern Griechen anſtöſſig, ſie wählten alſo lieber eine andre Form. Eben der Mißklang, welcher in der Conjugation bisweilen durch das Zuſammenſtoſſen vieler Conſonanten verurſacht wurde, bewog ſie, einzelne Perſonen, oder ganze Tempora mancher Verborum zu umſchreiben. So ſagen ſie ganz, wie wir Deutſchen τετυμμένοι εἰσὶ, τετυμμένοι ἦσαν, τετυμμένος εἴην, ὦ u. ſ. w. da hingegen bei andern Verbis, wo nicht ſo viele Conſonanten zuſammenkommen, auch die gewöhnliche Conjugation ſtatt findet, wie von τίω, ἔτιται, ἐτέτιντο, τετιοίμην, τετίωμαι u. ſ. w. Uebrigens darf ich hier nur noch erinnern, daß
es

es an umschreibenden Temporibus weder den Griechen noch den Römern fehlt, sondern daß beide sich derselben zur Abwechselung häufig bedienen; sum dicens, dicens eram, dicturus sum, τυγχάνω λέγων, ἤν λέγων, εἰμι λέξων findet man oft. Es herrscht hier also eine grössere Freiheit, als im Deutschen, wo man das Präsens und Imperfectum nicht umschreiben darf; ich bin, ich war liebend, sagt man nicht. — Im Ganzen aber behauptet auch in der Conjugation, wie aus dem bisherigen erhellet, das Lateinische und noch mehr das Griechische seinen Character, viele Begriffe in ein Wort zusammenzubringen. Dieß war schon der Fall bei der Ableitung und Zusammensezung der Wörter, und ist es noch mehr bei der Biegung derselben. Daher kömmt es, daß ein Verbum, wenn es zusammengesezt oder mit einer bedeutenden Ableitungssilbe versehen ist, und dann im Participio der vergangenen oder zu=

künfti=

künftigen Zeit zu stehen kömmt und noch dazu vielleicht im Medio die Begriffe desselben im Deutschen nicht anders, als durch viele Wörter ausgedrückt werden können, $\delta\upsilon\lambda\omega\vartheta\grave{\epsilon}\grave{\upsilon}\varsigma$ einer, welcher zum Sklaven gemacht worden ist. $\xi\iota\varphi o\varkappa\tau o\nu\eta\sigma\acute{\alpha}\mu\epsilon\nu o\varsigma$ einer, welcher sich selbst mit dem Schwerdt getödtet hat. Dieß macht einen wesentlichen Unterschied des Griechischen und auch, wiewol in weit geringerem Grad, des Lateinischen vom Deutschen aus. Es giebt keine bekannte Sprache, in welcher das Zusammendrängen der Begriffe durch Ableitungs- und Biegungssilben so stark wäre, als im Griechischen. Alle übrige Völker haben lieber die Begriffe mehr getrennt und jeden derselben durch ein eignes Wort ausgedrückt, gleichsam, als wenn es zu schwer für sie gewesen wäre, so vieles mit einmal zu fassen und zusammen zu denken. Selbst die Völker, welche ehedem mehr abgeleitete Tem-

pora

pora hatten, umschreiben sie lieber itzt nach deutscher Art. Wie schnell haben nicht Spanier, Italiener und Franzosen von den Celten die umschreibende Conjugation angenommen; und selbst der heutige Grieche hat in dieser Rücksicht aufgehört, griechisch zu reden. Denn auch er sagt z. B. im Plusquamperfecto εἴχα γράψει oder εἴχα γραμμένα, im Futuro θέλω γράψει oder abgekürzt θε γράψει. Diesen wesentlichen Unterschied des ältern Griechischen vom Deutschen muß man nothwendig vor Augen haben, wenn man die gegenseitigen Vorzüge dieser Sprachen gründlich beurtheilen will.

3. Unterschied der drei Sprachen in Ansehung der Wortfolge.

So wie nun das Griechische und Lateinische sich in der Bildung, im Bau und in der Biegung der einzelnen Wörter vom Deutschen wesentlich unterscheidet, eben so verschieden sind die Grundsäze, welche es in der Verbindung der Wörter befolget. Der Hauptunterschied beruhet darauf, daß das Deutsche in der Verbindung und Folge der Wörter gewisse unabänderliche Geseze hat, welche es nie übertreten darf; im Griechischen und Lateinischen hingegen mancherlei oft geringe Ursache hinreichend sind, die gewöhnliche und natürliche, Wortfolge zu verlassen.

Unser ganzes Denken und Reden besteht darin, daß wir einem Dinge etwas beilegen oder absprechen, von demselben etwas bejahen oder verneinen. Wir denken und reden also

immer

immer in Säzen. Ohne Rücksicht auf irgend eine Sprache zu nehmen, wäre es das Natürlichste, erst das Subject, und dann das Prädikat zu nennen. Dieß scheint auch so in der Natur der menschlichen Seele gegründet zu seyn, daß alle Sprachen bei der ruhigen Rede diesen Grundsaz befolgen. Wenn also dem zufolge der Deutsche sagt, Alexander schlief, so sagt der Römer Alexander dormiebat und der Grieche Ἀλέξανδρος ἐκάθευδε. Nur ist hier der grosse Unterschied, daß der Deutsche unabänderlich (gewisse genau bestimmte Fälle aufgenommen,) so reden muß. Griechen und Römer aber auch, wenn sie wollen, umgekehrt reden können; z. B. Niemand wagte sich ein Geräusch zu machen, dormiebat enim Alexander; ἐκάθευδε γὰρ Ἀλέξανδρος; Nicht so der Deutsche: Denn schlief Alexander. Wenigstens muß er in die Stelle des Subjects

das

das unbestimmte das Subject ankündigende es
sezen, denn es schlief Alexander.

Allein sehr selten stehen die Säze so nackt
da, sondern jedes Wort desselben wird durch
andre näher bestimmt. Hier kommen wieder
Griechen, Römer und Deutsche darin überein,
daß in der ruhigen Rede alle Wörter, es mögen
Redetheile seyn, welche es wollen, immer ihre
Bestimmungswörter vor sich nehmen. Nur
das Verbum Finitum macht im Deutschen
Ausnahme, welches seine Bestimmungswörter
hinter sich hat. Der Unterschied ist hier aber
wieder, daß das Deutsche dieses Gesez unver-
brüchlich hält, Griechen und Römer aber sich
kein Gewissen machen, es zu übertreten, so
bald Nachdruck, Wolklang, oder Abwechselung
der Rede es gebieten. Diese Behauptungen
werden sich hoffentlich durch folgende Uebersicht
der einzelnen Fälle rechtfertigen.

P 1) Von

1) Von jedem selbstständigen Dinge kann man eine Eigenschaft angeben, das heißt ein Substantivum mit einem Adjectivo verbinden. Im Deutschen steht das Leztre immer voran, das grosse Haus; Im Griechischen und Lateinischen gewöhnlich auch, magna domus, ἡ μεγάλη οἰκία. Aber wenn Wolklang und Abwechselung es verlangen auch umgekehrt domus magna, ἡ οἰκία μεγάλη.

2) Vor jedem Adjectivo steht das Zalwort, so wol das bestimmte als das allgemeine: drei grosse Häuser; alle grossen Männer. Dies beobachtet auch das Griechische und Lateinische ziemlich strenge, so lange nehmlich das Zalwort bei dem Adjectivo steht: tres oder omnes magni viri, τρεῖς oder πάντες μεγάλοι ἄνδρες; Magni omnes viri, μεγάλοι τρεῖς ἄνδρες, ist nicht gebräuchlich. Soll etwas versezt werden, so muß das Adjectivum vom

vom Zalwort getrennt stehen und entweder
dieses oder jenes hinter das Substantivum treten, tres viri magni, τρεῖς ἄνδρες μέγαλοι
oder magni viri tres.

3) Diese Zalwörter stehen im Griechischen und Lateinischen gewöhnlich noch vor den
Pronominibus; tres isti oder omnes isti magni
viri, τρεῖς ἐκεῖνοι oder πάντες ἐκεῖνοι μεγα-
λοι ἄνδρες. Im Deutschen geschieht dieß
bei dem allgemeinen Zalwort auch: alle jene
grossen Männer. Hingegen dem bestimmten
Zalwort tritt das Pronomen vor: Jene drei
grossen Männer; alle diese deine vortreflichen
Handlungen.

Es läßt sich nicht verkennen, daß in dem
Fall, wenn die Bestimmungswörter vor dem
Substantivo gehäuft werden müssen, das Haupt-
wort zu lange ausbleibt und also die Aufmerksamkeit des Zuhörers ermüdet. Die Rede
wird

wird dadurch langweilig und schleppend. Im Deutschen, welches dem angenommenen Grundsaz in allen Fällen getreu bleibt, läßt sich dies nicht ändern. Aber die Griechen und Römer bedienten sich hier schon der Geschmeidigkeit ihrer Sprache. Sie sezen dann einige Bestimmungswörter vor, andre nach dem Substantiv. Das Schleppende der vielen vorangesezten Bestimmungswörter empfanden sie so lebhaft, daß sie sich dann der Versezung fast jedesmal bedienten, und diese daher in dem Fall beinahe ein Gesez wird. Freilich ist es kein grammatikalischer Fehler, alle Bestimmungswörter dem Substantiv vorzusezen, wie im Deutschen, die Versezung derselben seyn würde. Aber es stößt gegen den Wolklang an, ein wichtiger Fehler für Römer und Griechen. Daher klingt selbst uns τρεῖς ἄνδρες μεγάλοι ἐκεῖνοι, in omnibus factis tuis egregiis besser,

als

als τρεῖς ἐκεῖνοι μέγαλοι ἄνδρες, in omnibus tuis egregiis factis. Dies scheint auch der Grund zu seyn, warum im Griechischen und Lateinischen mehrere Adjectiva nicht gern vor ihren Substantivo stehen, sondern dies lieber in die Mitte tritt; wie z. E. Cicero (Epp. ad Div. l. 4. c. 9, 7.) vom Pompejus sagt, *certorum hominum minime prudentium* confiliis utitur, oder Plutarch: Ὁ Θησεὺς ἐτόλμησε λατρεύειν ἀκλεῆ λατρείαν καὶ ἄτιμον, wo beidemal das Substantivum zwischen den beiden Adjectivis steht. Auch bei mehrern Substantivis wird das regierte Wort eben deswegen zwischen gesezt, wie ὁ Ἀριάδνης ἔρως ἔοικεν ἔργον θεᾶ καὶ μηχάνημα γενέσθαι. Im Deutschen wird dieß Schleppende noch vermehrt, wenn ein Participium concrescirt, und also als Eigenschaftswort gebraucht wird. Denn alsdann muß es, so wie dieses, die

Redetheile, durch welche es bestimmt wird, vor sich nehmen, z. B. alle die Geisteskräfte des Menschen tödtenden Anstrengungen: Daher muß man dann auch oft, um nicht unerträglich schleppend zu werden, zu Umschreibungen seine Zuflucht nehmen und lieber sagen: Alle Anstrengungen, welche die Geisteskräfte des Menschen tödten. Im Griechischen und Lateinischen ist dieß nicht nöthig, weil man das Participium mit seinen Bestimmungswörtern hinter das Substantivum rücken kann.

4) Die Präposition tritt im Griechischen und Lateinischen, wie im Deutschen, gewöhnlich ihrem Substantivo vor. Nur bisweilen wird des Nachdrucks wegen das Nomen vorausgesetzt, wie bei περὶ häufig geschieht, (z. B. τȣτȣ̃ πέρι) und bei ἕνεκα gewöhnlich. Doch gestattet dieß auch im Deutschen der Gebrauch bei einigen, wie wegen, ungeachtet u. a. m.

Die

Die griechischen Dichter bedienen sich noch mehr Freiheit hierin, als die Prose zuläßt, z. E. Theognis, ἐσθλῶν γὰρ ἀπ᾽ — Aber darin unterscheiden sich diese Sprachen, und besonders das Lateinische, daß die Präpositionen nicht, wie im Deutschen, auch vor allen Bestimmungswörtern stehen müssen, sondern gern zwischen dem Adjectivo und Substantivo gesezt werden, z. B. bono *cum* Deo; omnibus *in* rebus tuis; hac *de* re; quam *ob* rem. Im Deutschen hingegen muß die Präposition allen übrigen Bestimmungswörtern vortreten; „in allen diesen deinen vortreflichen Handlungen."

5) Wird das Substantiv durch den Genitiv eines Substantivi bestimmt, so steht es gewöhnlich hinter demselben: der Lohn der Tugend, ὁ μίσθος τῆς ἀρετῆς; im Lateinischen aber lieber voran gloriæ cupido, virtutis amor, welches also dem allgemeinen Grundsaz getreuer bleibt. Doch ist hier nicht blos im

Griechischen und Lateinischen, sondern auch im Deutschen die Versezung erlaubt; der Tugend Lohn. Nur darin ist wieder das Deutsche eingeschränkter, daß diese Versezung nicht angeht, sobald das Substantiv mit einem Adjectivo verbunden wird. Denn diese werden im Deutschen als unzertrennlich angesehen. Wie man also im Lateinischen sagen kann, severo regis mandato, und im Griechischen κατὰ τὴν ἀπότομον τῦ βασιλέως ἐντολὴν, so sagt man nicht im Deutschen, auf den grausamen des Königes Befehl. In den beiden ältern Sprachen wird dieß durch den häufigen Gebrauch und weil es die Deutlichkeit befördert, beinahe nothwendig. Denn durch das Einschliessen der das Substantiv erklärenden Wörter, wird das Subject und Prädikat abgerundet, daß man die Erklärungswörter nicht etwa zum folgenden ziehen kann,

wel-

welches in ihnen sonst oft angienge, und Undeutlichkeit veranlassen würde.

Das Unselbstständige, also Beschaffenheitswort, Eigenschaftswort, Participium, Zalwort, Pronomen, der Infinitiv des Verbi, nimmt seine Bestimmungswörter, dem allgemeinen Grundsaz zufolge, vor sich. Dieß ist auch wieder das Gewöhnliche im Griechischen und Lateinischen, nur daß die Versezung des Nachdrucks oder Wolklangs wegen erlaubt ist, im Deutschen aber hier die Wortfolge nie geändert werden kann. Dieß wird aus folgenden Beispielen sichtbar seyn:

1) Eigenschaftswort: ein vorzüglich gelehrter Mann, vir egregie doctus, ἀνὴρ μαλασοφός.

2) Beschaffenheitswort: der Knabe war schön: τὸ μειράκιον ἦν μάλα καλόν, puer admo-

admodum pulcher erat, aber auch καλὸν μάλα, pulcher admodum.

3) Particípium: ein schnell laufendes Pferd, equus celeriter currens, ἵππος ὠκέως τρέχων.

4) Das Pronomen und Zalwort: nur dieser, fast hundert. Hier ist der Gebrauch im Griechischen und Lateinischen fast für das Umgekehrte mehr, hic tantum, centum fere, und eben so

5) beim Infinitiv — bald kommen, venire cito.

Das Verbum Finitum ist der einzige Redetheil, welcher im Deutschen von dem sonst allgemeinen Gesez, seine Bestimmungswörter voran gehen zu lassen, Ausnahme macht. Der Grund dieser Ausnahme mag immerhin die Befolgung jenes höhern Gesezes seyn, die

Wörter

Wörter nach dem Grad ihrer schärfern oder schwächern Bestimmung auf einander folgen zu lassen. Griechen und Römer machen auch hier in der ruhigen Rede von dem vorhin angegebenen Grundsaz keine Ausnahme, sondern lassen auch die Bestimmungswörter des Verbi Finiti demselben vortreten. Da dieses mit allen Bestimmungen zusammengenommen das Prädikat ausmacht, so steht es gewöhnlich am Schluß des Sazes. Intessen haben sie die Freiheit, auch mit diesem Verbo Finito Versezungen vorzunehmen, je nachdem der Wolklang es verlangt, welches im Deutschen blos auf gewisse von dem Gebrauch abhängende Geseze ankömmt. Doch ist auch das Deutsche in der Versezung der Bestimmungswörter des Verbi nicht so gebunden, als in den übrigen Fällen, sondern hat hier wirklich etwas von römischer und griechischer Freiheit. Man kann z. B. sagen: gieb diesen Rath einem andern, und

auch.

auch, gieb einem andern diesen Rath. Andre durch den Gebrauch gewiß bestimmte häufige Fälle giebt es im Deutschen auch, wo auch das Verbum Finitum wieder den Grundsaz folgt, seine Bestimmungswörter vorantreten zu lassen; nach welcher und vielen Conjunctionen, weil daß, daher, da u. s. w. z. B, der Freund, welcher mir diesen Rath gab; diese im Deutschen blos durch Veranlassung einiger Conjunctionen übliche Verbindung ist also im Griechischen und Lateinischen die natürliche. Man wird die Warheit dieses Sazes einleuchtend sehen, wenn man sich die Mühe nehmen will in Schellers Præcepta stili bene latini das Kapitel de recto vocabulorum ordine zu vergleichen, wo man in der ganzen Section de ordine vocabulorum pendente ab ordine idearum eine ausserordentliche Uebereinstimmung aller angeführten Beispiele mit dem Deutschen gewahr werden wird, wenn man sie

nur

nur in die verbindende Wortfolge der Deutschen überſezt, und ſich alſo dergleichen Partikeln, welche dieſe Conſtruction erfordern, voran denkt, alſo unſer, weil, da daher, daß u. ſ. w. Man wird aber auch zugleich finden, daß jene Hypotheſe, nach welcher die Alten die Wörter ſo geordnet haben ſollen, wie ſie der Natur nach auf einander folgen, ſehr oft nicht gegründet iſt. Bei vielen Dingen läßt ſich nicht einmal beſtimmen, ob es früher iſt, als das, womit man es verbindet, oft iſt es zu gleicher Zeit exiſtirend, oft wirklich ſpäter und wird doch in der Conſtruction vorangeſezt.

Endlich geht mit dem Verbo Finito noch eine dritte Veränderung vor, beſonders keine Befehlen, Wünſchen, Fragen; wo es ſelbſt dem Subject vorgezogen wird; z. B. ſchläft Alexander? — Griechen und Römer, welche ihre eigene Fragpartikeln haben, dürfen hier,

wenn

wenn sie nicht wollen, in der gewöhnlichen Wortfolge nichts ändern; Num Alexander dormit? μῶν ὁ Ἀλέξανδρος καθεύδει; doch scheint auch diese Veränderung in der Natur gegründet zu seyn, weil wirklich in den Fällen, wo das Deutsche sich desselben bedient, auf dem Verbo ein Nachdruck liegt, und alle Sprachen, deren Einrichtung es erlaubt, gern den Begriff, welcher hervorstechen soll, voran gehen lassen. Selbst Römer und Griechen, welche freilich nicht, wie die Deutschen, an diese Wortfolge gebunden sind, fühlen doch den Nachdruck, welcher in diesen Fällen in dem Verbo steckt, und brauchen daher oft die völlig deutsche Wortstellung z. B. weiche dem Mächtigern, cede maiori, und eben so Xenoph. Mem. Socr. I, 4, 2. λέξον ἡμῖν τὰ ὀνόματα αὐτῶν; auch bei Fragen, wenn sie sich ihrer Fragpartikeln nicht bedienen wollen, cadit in

quem-

quemquam tantum scelus? Ueberhaupt scheint der Umstand der Frage, der freilich nur im Augenblick der Rede statt findet, und so stark durch den Ton bezeichnet wird, nur bei sehr wenigen Völkern, und auch bei diesen nicht immer, durch eigne Partikeln angedeutet zu seyn. So kann beim Xenophon, I. §. 7. σὺ δὲ σαυτὸν φρόνιμόν τι δοκεῖς ἔχειν, je nachdem man es ausspricht, eben so gut ein erzählender, als, was es hier seyn soll, ein fragender Saz seyn.

Die dreifache Wortfolge des Deutschen entsteht also blos aus der Versezung des Verbi. Steht dieß zwischen dem Subject und den Bestimmungswörtern des Verbi, ist es die natürliche. — Alexander bezwang Asien; steht es nach seinen Bestimmungswörtern, die verbindende; Als Alexander Asien bezwang; steht es vor dem Subject die fragende: Bezwang

bezwang Alexander Asien? — — Jene un＝
veränderlich ihre Stelle behaltenden Bestim＝
mungswörter des Substantivs und diese drei＝
fache in jedem Fall genau zu beobachtende
Wortfolge sind es welche den wesentlichen Un＝
terschied zwischen dem Deutschen und den ältern
Sprachen in Ansehung der Wortstellung aus＝
machen. Durch diese wird es in den soge＝
nannten Inversionen eingeschränkt, welche es sich
ohne diesen Umstand erlauben könnte und welche
Römern und Griechen zu Gebote stehen. Denn
da nun einmal mit der Stelle des Verbi ge＝
wisse Begriffe verbunden sind; so läßt sich die＝
se Stelle nicht verändern, ohne den Begriff
zugleich mit aufzuheben. Griechen und Römer
aber können dieselben Sachen und Begriffe
auf die dreifache Weise ausdrücken, je nach＝
dem es der jedesmalige Gemüthszustand des
Redenden, die Abwechselung, oder der Wol＝
klang erfordert: Alexander totam Asiam subiugavit;

gavit; Subiugavit Al. totam Afiam; totam Afiam fubi. Al; ober Al. fubiug. t. Afiam ſagt ganz daſſelbe, und im Griechiſchen eben ſo. Dieſe Abwechſelung wird noch gröſſer, weil nun auch das totam Afiam verſezt werden kann, wie Alexander totam fubi. Afiam u. ſ. w. Im Deutſchen bleibt aber nur die einzige Art von Inverſion übrig, daß entweder alle Beſtimmungswörter des Verbi mit dem Subject verſezt werden, z. E. ganz Aſien bezwang Alexander; oder auch einzelne Begriffe in die Stelle des Subjects treten, dieſes aber hinter dem Verbo zu ſtehen kömmt, wovon Adelung in ſeinem Lehrgebäude der deutſchen Sprache Th. II. S. 557 hinlängliche Beiſpiele gegeben hat, welche aber das Griechiſche und Deutſche insgeſamt auch nachahmen kann.

Zweite

Zweite Abtheilung.

Vergleichung des Deutschen mit dem Lateinischen und Griechischen in Ansehung der Kürze der Klarheit und des Wolklangs.

Da das Bisherige hinlänglich seyn kann, um sich den wesentlichen Unterschied, welcher sich zwischen dem Lateinischen und Griechischen und dem Deutschen befindet, sowol in Ansehung der Bildung und Biegung der Wörter als ihrer Verbindung unter einander, lebhaft vorzustellen, so werden die daraus fliessenden hauptsächlichen Vorzüge jeder Sprache sich unter drei Gesichtspuncte, Kürze, Klarheit und Wolklang zusammenfassen lassen.

1) Kürze.

1. Kürze.

Kürze und Klarheit sind Eigenschaften, welche sich in der Rede in einem hohen Grad schwer vereinigen lassen, und bei verschiedenen Sprachen fast immer im Widerspruch stehen. Beides sind relative Begriffe. Kürzer seyn wollen, als es die Richtigkeit, Deutlichkeit und der Wolklang der Sprache, deren man sich bedient, erlaubt, ist immer ein Fehler, aber ein Fehler des Schriftstellers, nicht der Sprache selbst. Aber sich der erlaubten Kürze seiner Sprache bedienen, ist Pflicht für den Schriftsteller, weil jeder unnüze oder entbehrliche Wortaufwand den Leser von dem Hauptbegriff abzieht und also selbst der Verständlichkeit hinderlich wird. Man muß daher die Kürze des Schriftstellers von der Kürze der Sprache sorgfältig unterscheiden. Kürze in der Sprache entsteht hauptsächlich daraus, wenn mehrere Begriffe mit einem Wort ausgedrückt werden. Hat eine

eine Sprache hiezu viele Fähigkeit, so wird sie natürlich etwas an Klarheit verliehren; denn ein Wort kann mehrere Begriffe nie ganz so deutlich darstellen, als wenn jeder derselben mit seinem eignen Wort bezeichnet wird. Aber bei zusammengesezten Wörtern oder bei abgeleiteten, deren Ableitungssilbe einen gewissen Grad von Klarheit hat, ist der Unterschied nicht sehr merklich, und die Vortheile, welche eine Sprache durch diese Art der Kürze gewinnt, sind doch so beträchtlich, daß sie unsrer Aufmerksamkeit allerdings würdig sind.

Da durch Ableitung Nebenbegriffe mit dem Stammwort, vermittelst der Ableitungssilbe, verbunden werden, so ergiebt sich von selbst, daß das Griechische, welches hiezu eine besondere Fähigkeit besizt, auch an Kürze gewinne, und daß andre Sprachen, welche diese Nebenbegriffe umschreiben müssen, natürlich weitschweifiger werden. Wenn der Grieche mit

drei

drei Worten sagt, Αγαμέμνων Πελοπίδης ἦν, so brauchen wir noch einmal so viele: Agamemnon war ein Abkömmling des Pelops. In Theokrits zweiter Idylle sagt die Verliebte von ihrem Liebhaber, ἐς μοι δωδεκαταῖος, ἀφ' ᾧ τάλας ὐδέποτ' ἥκει. Hier müssen wir das einzige δωδεκαταῖος seit zwölf Tagen übersezen, oder, zwölf Tage sind's, seitdem der Unglückliche mich nicht besucht. Eben so Homer (Il. II. 24.) Οὐ χρη παννύχιον εὑδέιν βυλήφορον ἄνδρα, ein König muß die ganze Nacht nicht schlafen. Νόμος ἐςι ταῖς Ἑςιάσιν, ἀει παρθενεύειν. "Die vestalischen Jungfern haben das Gesez immer unverheirathet zu bleiben." Und so geht es mit allen Ableitungssilben. Kann die andre Sprache diese Begriffe nicht auch durch ihre Ableitungssilben bezeichnen, so muß sie mehrere

rere Ausdrücke dazu brauchen, und also weitschweifiger werden.

Obgleich dieser Vorzug des Griechischen nicht zu verachten ist, besonders da die Ableitungssilben desselben einen merklichen Grad der Klarheit haben, so sind doch die Vortheile, welche eine Sprache durch den häufigen Gebrauch zusammengesezter Wörter gewinnt, noch weit beträchtlicher. Denn das Feld, welches hier bearbeitet wird, ist noch weit beträchtlicher und fruchtbarer, und die Sprache verliehrt dadurch nichts an Deutlichkeit, weil die zusammengesezten Wörter den einzelnen Ausdrücken an Klarheit mehrentheils nichts nachgeben. Aus dem Vorigen erhellet schon, daß das Deutsche hierin vor dem Lateinischen grosse Vorzüge habe, und das Griechische vor beiden. Wenn wir z. B. Nachtrabe sagen und der Grieche νυκτικοραξ, so muß der Römer schon Substantivum und Adjectivum sezen, coruus noctur-

nocturnus. Bei Adjectivis und Verbis stehen auch wir dem Griechen nach. Χρυσοκέρως, ἀργυρότοξος, cornua aurata habens, arcum argenteum gerens, können auch wir nicht anders als ſchwer umſchreiben, einer der goldne Hörner, einen ſilbernen Bogen hat. Denn den Ausdruck goldgehörnt, welchen mancher Ueberſezer aus dem Griechiſchen wol wagen möchte, muß die ſtrengere Kritik verwerfen. Der Grieche ſagt: Ἀρταξέρξης ἐξιφοκτόνησε τὸν Δαρεῖον, der Lateiner gladio interfecit, wir, tödtete mit dem Schwerdt. Ueberhaupt iſt dieſe Quelle der zuſammengeſezten Wörter im Griechiſchen, wo das Werkzeug oder der leidende Gegenſtand mit dem Verbo verbunden wird, der Kürze ſehr behülflich, ohne daß der Deutlichkeit dadurch Abbruch geſchieht.

Biegung iſt im Grunde eine Art von Ableitung. Da nun die beiden ältern Sprachen

das

das Deutsche so ausserordentlich in der Biegsamkeit sowol der Nominum als Verborum übertreffen, so erhalten sie auch einen grossen Vorzug an Kürze. Nur bei der Declination ist ihnen dieser Vorzug nicht sehr zu beneiden, weil wir in manchen Fällen mit einem kleinen Aufwand gar sehr an Klarheit gewinnen. Doch giebt es auch Fälle, wo die genauere Bezeichnung der Casuum ihnen Kürze verschaft, und wo wir durch die Weitläuftigkeit, wozu wir gezwungen sind, an Klarheit nichts voraus haben; z. B. bei den eignen Namen, wo einmal die Bezeichnung des Casus nothwendig ist, z. B. minatus est Romæ, ἠπείλησε τῇ Ῥώμῃ, geht im Deutschen nicht gut, er drohete es Rom, sondern ein Beisaz muß uns dann aushelfen, den Casum zu bezeichnen, etwa, er drohete es dem ganzen Rom. Durch die vollständigere Conjugation hingegen verliehren die beiden alten Sprachen nach meiner Ueberzeugung

zeugung wenig, und gewinnen ausserordentlich
viel. Denn unsre Hülfsverba werden doch
immer nur sehr uneigentlich zur Bezeichnung
der Vergangenheit nach ihren verschiedenen Abstufungen oder der Zukunft und des Leidens
angewandt. Daher musten die bestimmt gebrauchten Biegungslaute, sehr zusammengesezte
Fälle ausgenommen, den Alten fast denselben
Grad von Deutlichkeit gewähren. Schon
bei einfachen Verbis können sie viel kürzer reden, amabor, φιληθησομαι, ich werde geliebet werden; noch mehr dann, wenn durch Ableitung oder Zusammensezung schon ein andrer
Begriff an das Verbum geknüpft ist, z. B.
Διογενης εδυλωθη — Diogenes wurde zum
Sclaven gemacht. Bei keinem Theil des
Verbi aber wird die Kürze, welche sie vor
uns voraus haben sichtbarer, als bei den Participiis. Diese und die Vortheile, welche den
alten Sprachen dadurch zuwachsen, fallen einem
jeden

jeden auf, der nur einigermaſſen einen Vor-
ſchmack von ihnen erhalten hat. Daher die
vielen verunglückten Verſuche, es mit unſrer
Armuth jenem Reichthum gleich zu thun. Es
wird alſo, wie ich glaube, hier nicht der un-
rechte Ort ſeyn, ſo viel es in der Kürze geſchehen kann, den Unterſchied, welcher ſich bei
dem Gebrauch der Particiṗialconſtruction in
dieſen drei Sprachen findet, auseinander zu
ſezen.

Alle drei Sprachen bedienen ſich ihrer
Participien als ein Mittel, einen Nebenſaz,
der den Hauptſaz näher beſtimmt, mit demſelben in einen zuſammenzuziehen, indem das
Verbum Finitum des Nebenſazes ins Participium verwandelt und das Beſtimmungswort, durch
welche die beiden Säze verbunden werden, weggeworfen wird. Anſtatt alſo zu ſagen: Alcibiades
lachte und gieng davon, oder gieng davon, indem

dem er lachte, ſagt man kürzer und runder; Alcibiades gieng lachend davon, Alcibiades ridens abiit, ὁ Ἀλκιβιάδης γελῶν ἀπάχετο. Aber der Gebrauch der Participien iſt im Deutſchen viel eingeſchränkter als im Lateiniſchen, und in dieſem wieder nicht von dem Umfang als im Griechiſchen. Die Urſachen davon werden einleuchten, wenn man die Einrichtung der Participien in jeder dieſer Sprachen deutlich vor Augen hat:

1) Jedes Lateiniſche und griechiſche Participium iſt ein Adjectivum, welches den Nebenbegriff der Zeit und Handlung ſeiner Ableitung vom Verbo zu danken hat; es iſt concrescirt, und kann alſo, wie jedes Adjectivum, declinirt werden und ſowol das Subſtantivum als Verbum unmittelbar beſtimmen. Das Adjectivum der alten Sprachen theilt ſich im Deutſchen in zwei Klaſſen, ins Eigenſchafts und Beſchaffenheitswort, jenes iſt concrescirt, die-

dieses nicht. Eben so geht es auch mit den Participiis; Sie können als Eigenschaftswörter gebraucht werden und sind dann unconcrescirt, oder als Eigenschaftswörter, und bekommen dann die gewöhnliche Concretionssilbe der Adjective. Da nun der Nebensaz, welcher mit dem Hauptsaz verbunden werden soll, entweder das Substantivum oder das Verbum desselben näher bestimmen kann, so wird in dem ersten Fall das concrescirte Participium, im zweiten das unconcrescirte gebraucht. Weil es sich aber bisweilen nach dem blossen Gefühl schwer unterscheiden läßt, welcher Fall jedesmal statt finde, so darf man nur, um sich dieß deutlich zu machen, versuchen, ob sich das Participium durch welcher oder durch indem, wenn, da, als, umschreiben läßt. In jenem Fall bestimmt es das Substantivum, und muß also als Eigenschaftswort concrescirt werden, in diesem bestimmt es das Verbum und bleibt uncon-

unconcrescirt; z. B. wolte ich in dem Saz: der Mensch, welcher über sich selbst nachdenket, findet sein wahres Glück nur in sich selbst, den Nebensaz durch ein Participium ausdrücken, so müste ich sagen, der über sich selbst nachdenkende Mensch; denn, der Mensch über sich selbst nachdenkend, würde so viel heissen, als, wenn, indem der Mensch über sich selbst nachdenkt. Also würden wir dem zu folge unsre Participia eben so gut und noch genauer als die Alten brauchen können; denn pater moriens dixit, ὁ πατὴρ θνήσκων εἶπε kann sowol heissen: der sterbende Vater sagte, als auch, der Vater sagte sterbend. Nur als Eigenschaftswörter haben unsre Participia den Nebenbegriff der Zeit so gut wie ganz verloren, und nur noch den Nebenbegriff der Handlung vom Verbo beibehalten. Bei dem Saz: Demokrit gieng lachend davon, hat bleß unconcrescirte Participium lachend noch

den

den Zeitbegriff, es heißt so viel als: indem er lachte. Hingegen bei dem Saz: der lachende Demokrit gieng davon, verliehrt es, da es concrescirt ist, den Zeitbegriff, und bezeichnet bloß die Eigenschaft, und so viel als, der immer zu lachen gewohnte Demokrit. Dieß gilt noch mehr vom Participio Präteriti. Was aber den Gebrauch des concrescirten Participii noch mehr einschränkt, ist der Umstand, daß es, gleich dem Eigenschaftswort, seinem Substantivo immer vortreten muß. Denn da es gleichfalls seine Bestimmungswörter wieder vor sich nimmt, so würde die Rede dadurch oft unerträglich schleppend werden. Man nimmt also oft lieber zur Umschreibung seine Zuflucht und wird weitläuftiger, welches im Griechischen und Lateinischen nicht nöthig ist, da bei ihnen das Adjectivum nicht, wie bei uns, seine angewiesene Stelle hat, sondern auch nach dem Substantivo stehen kann. Wenn also Griechen

und

und Römer sagen ἀνήρ τις τρεῖς ἔχων υἱὸς ἐτελεύτα, Vir tres habens filios moriebatur, so könnten auch wir ohne einen grammatikalischer Fehler zu machen, sagen, ein drei Söhne habender Mann starb. Nur weil es zu schleppend ist, sagen wir lieber: ein Mann, welcher drei Söhne hatte, starb.

Das Participium Präteriti hat den Nebenbegriff der Zeit ganz verloren, und wird concrescirt nie anders, als in der passiven Bedeutung und als ein wirkliches bloßes Eigenschaftswort genommen. Das befreite Theben, ist offenbar das Theben, welches befreiet ist, nicht, welches befreiet hat. Soll es nun unconcrescirt zur Zusammenziehung gebraucht werden, so muß es auch in leidender Bedeutung und ganz wie ein Beschaffenheitswort stehen. Bei diesem wird aber dann das Verbum seyn immer ausgelassen; z. B. wenn ich der Thor-

heit

heit müde sie bereue, für, müde bin und
sie bereue. — Eben so von aller Furcht be-
freit, eil ich zu dir zurück für, da ich von
aller Furcht befreiet bin. Es ist also bei dieser Art von Participialconstruction, welche
auch bei Substantivis angewandt wird, eine
wirkliche Ellipse des Verbi seyn, die deswegen vielleicht üblich geworden ist, weil unser
seiend nicht üblich ist. Wenigstens ist dies
auch der Fall im Lateinischen. Weil hier ens,
das Participium von sum nicht gebräuchlich ist,
so hat es gerade dieselben Constructionen, wie
im Deutschen; huius beneficii memor, gratias
tibi persolvo, für, quum memor sim. Ein andres Beispiel ist Cic. Or. 2. in Catil. c. 8.
Unum genus est eorum, qui magno in ære alieno. maiores etiam possessiones habent für in
ære alieno quum sint. Or. Pro Arch. P. c. 9.
Ergo illi (Homerum) alienum, quia poëta fuit,
post mortem etiam expetunt, nos hunc (Ar-
chiam)

chlam) vivum, qui & voluntate & legibus no-
ster est, repudiabimus, wo das alienum für
quum ipsis alienus esset, und das vivum für
dum vivet steht. Cicero Consul hæc fecit, ist
dieselbe Construction, als wenn man im Deutschen sagt: In seinem Hause ein Frembling,
wandert der Geist auf und nieder; denn jenes
steht hier: Cicero, quum Consul esset, dieses
für, der Geist, welcher in seinem Hause ein
Srembling war; in beiden Fällen also das
Verbum seyn ausgelassen. Dieß erhellet noch
mehr aus dem Griechischen, wo das Participium von εἰμί gebräuchlich ist, und daher auch
in allen diesen Fällen gesezt wird: Κικέρων
ὕπατος ὢν ταῦτα ἐποίησε. Mit einem Adjectivo z. B. in Lyſ. Or. fim. c. 9. Ξέρξης
ἀπαθὴς ὢν κακῶν καὶ ἄπειρος ἀνδρῶν ἀγαθῶν
χιλίαις μὲν καὶ διακοσίαις ναυσὶν ἀφίκετο.

R   Noch

Noch offenbarer wird dieß bei den casibus consequentiæ, wo auch im Lateinischen das participium nicht ausgelassen wird, auſſer wenn es vom Verbo sum seyn sollte, z. E. für das griechische Ὑπάτȣ ὄντος Κικέρωνος ταῦτα πέπρακται, sagt der Römer Cicerone Consule (sc. existente) hæc facta sunt, und läßt also das Participium von sum weg, welches bei den Participiis andrer Verborum nicht geschieht.

2) Das deutsche Participium, welches zur Zusammenziehung der Säze gebraucht wird, ist ein Beschaffenheitswort, und wird als ein solches nicht gebogen. An dem lateinischen und griechischen Participio hingegen sind sowol die Casus als das Geschlecht bezeichnet. Sind nun in dem zusammengezogenen Saz zwei Substantive, so bleibt es dunkel, auf welches von beiden es bezogen werden muß. Daher kann diese Zusammenziehung nie gebraucht werden, wenn

wenn der verkürzte Saz ein andres Substantiv, als das Subject, bestimmt. Wer würde dir wol, dieß sagend, glauben? Ist unverständlich, weil man nicht gleich sieht, ob das sagend sich auf wer oder dir beziehet. — Aber die personificirte Tugend kann beim Xenophon (Memor. Socr II, 1, 31.) zum Laster sehr richtig und deutlich sagen: τίς δ' ἂν σοι λέγοντι τι πιστεύσειε; τίς δ' ἂν δεομένῃ τινὸς ἐπαρκέσειεν; Denn der Casus bestimmt hier sehr genau, daß das λέγοντι und δεομένῃ nicht auf τις sondern auf σοι gehen muß. Und eben so richtig daher der Lateiner: Quis tibi dicenti fidem habeat, quis egenti quidquam suppeditet?

3) Im Deutschen müssen aus eben dieser Ursache die zusammengezogene Säze ein und dasselbe Subject haben, weil es immer zweifelhaft bliebe, auf welches von beiden das Participium

ticipium gehen sollte. Da das griechische und lateinische Participium Casus hat, so können dadurch die sogenannten casus consequentiæ gebildet werden, welche alle Zweideutigkeit aufheben. *Die Heere in den Waffen stehend, gieng der Zweikampf vor sich,* können wir im Deutschen nicht sagen: aber das Griechische sehr deutlich: ἡ μονομαχία ἐγένετο τῶν ϛρατευμάτων ἐν τοῖς ὅπλοις ἀτρεμῶντων. Eben so: Θεῦ διδόντος, ἐδὲν ἰσχύει Φθόνος, Deo dante nihil valet invidia, können wir im Deutschen nicht übersezen, *Gott gebend schadet kein Neid.*

4) Die stärkste Einschränkung entsteht noch im Deutschen aus der Armuth an Participiis. Es hat deren nur zwei; folglich kann auch die Zusammenziehung und zwar auf die sehr beschränkte Weise nur durchs Participium Präsentis des Activi, und beim Passivo blos durch das

das Particīpium Präteriti ſtatt finden. Das Lateiniſche kann ſchon dieſe Art der Kürze häufiger anwenden, weil es vier Participia hat, und dieſe ohne die vielen Einſchränkungen des Deutſchen gebraucht. Wenn alſo Plinius (Epp. III. 13.) kurz ſagt; librum, quo nuper optimo principi gratias egi, miſi *exigenti tibi, miſſurus*, etſi non exegiſſes, ſo müſſen wir die Participia umſchreiben: Ich ſende dir die Dank= rede, weil du ſie verlangteſt; und das miſſu= rus, ich würde ſie dir geſandt haben. Eben ſo, gleich darauf das Futurum; adnota, quæ putaveris corrigenda, was verbeſſert werden muß, einer Verbeſſerung bedarf. Das La= teiniſche wird vom Griechiſchen noch weit über= troffen, weil es in jeder der drei Formen ſechs und in einer ſogar ſieben, alſo zuſammen 19 Participia hat. Wenn Iſokrates in ſeiner Rede an dem Demonikus ſagt: μίσει τῆς κο-

λακεύον-

λακεύοντας, ὥσπερ τὰς ἐξαπατῶντας· ἀμφότεροι γὰρ πιςευθέντες τὰς πιςεύοντας ἀδικῦσι, wie kurz und schön ist da der letzte Satz, und wie weitläuftig müßte das Deutsche und Lateinische werden, wenn man es genau so geben wollte. Aber freilich können beide Sprachen bisweilen durch eine veränderte Construction dieselbe Kürze erreichen. Bei den Deutschen geschieht es durch ihre Nomina Abstracta. Memorat. Socr. 1. 6. 3. sagt zum Sokrates Antiphon: καὶ χρήματά γε ὁ λαμβάνεις ἃ καὶ κτωμένες εὐφραίνει καὶ κεκτημένες ἐλευθεριώτερόν τε καὶ ἥδιον ποιεῖ ζῆν; deutsch: Du nimmst kein Geld, dessen Erwerb doch so viel Vergnügen verschafft und dessen Besitz das Leben angenehmer macht. Plin. Epp. III. 18, 11. Habes acta mea tridui, quibus cognitis volui tantum te voluptatis *absentem* capere, quantum præsens capere potuisses.

potuisses. Ich wünsche daß du in deiner Abwesenheit so viel Vergnügen davon haben mögest. Die Lateiner helfen sich, wenn bei dem griechischen Participium Präteriti Activi ein leidender Gegenstand genannt ist, durch ihr Participium Präteriti des Passivis, z. B. Polähatus c. 2. λαβὼν ἄν ποτε Μίνως τὸν Θήσεα πολέμιον ἐπὶ τὸν ταῦρον ἀπέςειλεν ὡς ἀποθανύμενον; Quem Minos Thesea hostem cepisset, oder captum igitur aliquando Thesea hostem Minos ad Taurum misit, morte ab hoc adficiendum; oder sie bedienen sich ihrer Ablativorum consequentiæ Palæph. c. 1. Λαβόντες γοῦν οἱ Κενταῦροι παρὰ Ἰξίονος χρήματα - ὑβριςαὶ ὑπῆρχον; Postquam ab Ixione opes acceperant Centauri oder acceptis igitur ab Ixione opibus Centauri insolentes facti sunt. Aber freilich verliehren sie dadurch an Bestimmtheit, welche der Grieche behält. Da indessen

indeſſen hier der Ort nicht iſt, die Vorzüge des Griechiſchen vor dem Lateiniſchen in dieſer Rückſicht auseinander zu ſezen, und es ſchon ſehr gut in Meiner's philoſophiſchen Sprachlehre S. 391 ff. geſchehen iſt, ſo begnüge ich mich damit, nur darauf zu verweiſen.

Doch muß ich noch einer Art der Zuſammenziehung durch's Particlpium erwehnen, welche dem Griechiſchen beſonders eigen iſt und ſowol zur Kürze, als zur Abwechſelung beiträgt. Die gewöhnliche Inſtruction des Accuſativs mit dem Infinitiv iſt ſchon eine Zuſammenziehung zweier Säze in einen. Ich glaube, daß du reich biſt, οἶμαι σε εἶναι πλȣσιον, puto te eſſe divitem. Iſt aber in dem Vor= und Nachſaz ein und daſſelbe Subject, ſo kann man beide Säze noch näher vereinigen, indem man das Subject nur einmal nennt,

nennt, ich glaube, daß ich reich bin: δοκῶ μοι πλύσιος εἶναι, dives esse mihi videor. So sagt Horaz: Uxor invicti Jovis esse nescis, statt te uxorem esse. Auch wir können auf eine ähnliche Art sagen: Ich glaube reich zu seyn. Im Griechischen aber wird diese Art zu reden noch viel häufiger angewandt, und dann der Infinitivus noch oft ins Participium verwandelt: δοκῶ μοι πλύσιος ὢν - αἰσθάνομαι διαμαρτὼν für με διημαρτηκέναι - Μέμνημαι ποιήσας für με ποιῆσαι. Jenen Ausspruch also, welchen Simonides dem Pausanias vorgelegt haben soll, und an welchen Philipp von Macedonien täglich erinnert seyn wollte: *Bedenke, daß du ein Mensch bist*, konnte der Grieche ohne grammatikalischen Fehler auf dreierlei Art ausdrücken, μέμνησο σε ἄνθρωπον εἶναι - μέμνησο ἄνθρωπος εἶναι

und

und μέμνησο ἄνθρωπος ὤν. Dieß leztre ist im Lateinischen eigentlich nicht üblich, aber Dichter ahmen, wie sonst häufig, auch bisweilen diese griechische Art nach, z. B. Virgil: sensit medios delapsus in hostes für se delapsum esse, ganz wie das Griechische sagen würde: ἤσθετο πεπ]ωκώς.

Eine Art von Uebergang zwischen Zusammenziehung und Ellipse, machen die Redensarten, wo zwei Säze durch Auslassung des determinirenden Pronominis in einen verbunden werden, z. B. glücklich ist wer die Tugend liebet, felix est quisquis virtutem amat, wo das wer für der, welcher, und quisquis für *ille, qui* steht. Das Griechische übertrift aber in dieser Art der Zusammenziehung beide Sprachen sehr, z. B. λέγε μηδὲν ἢ περὶ ὧν ἀναγκαῖον εἰπεῖν, für περὶ ἐκείνων ἅ - Unser Deut-

Deutsches wovon, womit, woraus, wodurch u. s. f. ist zu ähnlichen Zusammenziehungen behülflich.

Endlich dienen die Ellipsen im eigentlichen Verstande noch zur Kürze. Es versteht sich, daß hier von rhetorischen Ellipsen nicht die Rede seyn kann, wo aus dem Zusammenhang der Rede etwas supplirt wird, welches der Schriftsteller willkührlich weggelassen hatte und leicht verstanden werden konnte. Hier kömmt es in jeder Sprache auf das Gefühl und den Geschmack des Schriftstellers an, und zugleich auf seine Behutsamkeit, nicht zweideutig und dunkel zu werden. Indessen finden sich doch im Griechischen, besonders bei Dichtern kühnere Ellipsen, als man sich in andern Sprachen erlauben würde, auch bei römischen Dichtern, welche griechische Flügel nehmen, und selbst in Prosa sind sie bisweilen schon kühn. Allein es giebt auch elliptische Redensarten, welche durch den Gebrauch, so sehr ihre bestimmte Bedeutung haben, daß man das Fehlende gewöhnlich nicht mehr bemerkt, und welche eben deswegen deutlich genug sind, weil sich das Fehlende von selbst zu verstehen scheint. Diese Kürze findet im Deutschen statt, aber noch weit mehr im Griechischen und Lateinischen. Hieher gehören gewisse, durch die Gewohnheit schon geheiligte kurze Formeln, dergleichen jede Sprache hat, z. B. im Lateinischen emtio venditio, bona verba für das Griechische εὐφήμει; die Formeln beim Gruß und Abschied χαίρειν, ῥωννύειν oder keine Nöthigen, wenn man das Gesuch abschlug, blos καλῶς oder ἐπαινῶ zu sagen: bei alten Denksprüchen oder Sprüchwörtern finden sich mehrentheils auch Ellipsen, wie suum cuique, ex ungue leonem, sus Minervam, ὗς τῆς Ἀθηνᾶν, γλαὺξ εἰς Ἀθήνας u. d.

u. b. Bei eignen Ortsnamen wird so oft der allgemeine Name des Orts weggelassen und blos der Genitiv gesezt, welcher ihn näher bestimmt, z. B. φοιτᾶν εἰς Ασκληπιȣ (nemlich ἱερὸν) εἰς διδασκάλȣ, (nemlich σχολὴν) εἰς τροφωνιȣ (nemlich μαυτεῖον). So sagt der Römer auch ubi ad Dianæ veneris (nemlich ædem) und auch wir Deutschen, nach St. Jacob, nach St. Petri gehen, und verstehen die Kirche dabei. Etwas Aehnliches ist es, wenn bei Personennamen der Name des Vaters genannt und der allgemeine Name Sohn oder Tochter verschwiegen wird, wie Φίλιππος ὁ Ἀμύντȣ, Philippus Amyntæ, Darius Thyſraspis, Deiphole Glauci. Manche ganz gewöhnliche Ausdrücke haben ihre völlige Bedeutung aus dem ausgelaffenen Wort z. B. τελευτᾶν (nemlich τὸν βίον) διὰπαντὸς (nemlich τȣ

τȣ̃ χρόνȣ) – οἱ νῦν, οἱ ἐξ ἡμῶν, οἱ πα-
λαι, φασι, dicunt, aiunt ſind ähnliche elliptiſche Redensarten. Aus dieſen wenigen Bei-
ſpielen, welche im Deutſchen unnachahmlich ſind,
ſieht man ſchon, daß das Lateiniſche und noch
mehr das Griechiſche mit dergleichen kurzen
Ausdrücken gut verſehen iſt.

Dieſe Vortheile der Kürze, welche die
beiden ältern Sprachen vor dem Deutſchen
voraus haben, kommen ihnen beſonders bei
dem Bau ihrer Perioden zu ſtatten. Man
hört es ſo oft, daß die Alten periodiſcher ſchrie-
ben und redeten als wir. Aber viele haben gewiß
wol von dieſem Urtheil keine deutlichen Begriffe und noch wenigere können ſich die Urſachen davon deutlich angeben. Dieß iſt auch
kein Wunder, da ſelbſt die Lehrer der Wolre-
denheit unter den Alten ſowol als den Neuern
über den Begriff einer Periode nicht einig ſind.

Indeſſen

Indessen kommen die gründlichsten alle darin überein, daß ein Periode aus einer genauen und geschickten Verbindung mehrerer Säze unter einander bestehe. Wollte man in blosen neben einander gestellten Säzen reden, so würde der Vortrag, besonders bei feierlichen Reden, bald sehr einförmig werden, selbst wenn das Subject und Prädikat noch so sehr ausgebildet würden. Weitschweifigkeit würde die unausbleibliche Folge seyn, wenn man jedesmal, wo ein Saz oder ein Wort einer Erklärung, Einschränkung oder nähere Bestimmung bedürfte, diese in abgesonderten Säzen auf dem Hauptsaz folgen lassen wollte. Daher hat man in allen einigermassen ausgebildeten Sprachen das Mittel in Perioden zu reden, das heißt, diese erklärenden oder einschränkenden Säze an den Hauptplaz zu knüpfen. Diese Verbindung geschieht durch die Conjunctionen, welche das Verhältniß der Säze gegen einander

ander bestimmen. Hier finden zwei Fälle statt. Man kann zwischen dem Subject und Prädikat des Hauptsazes die erläuternden Säze einschieben. Dann entsteht eine einfache Periode. Oder man faßt die Gründe, Umstände, Erläuterungen, Bedingungen, unter welchen das Prädikat dem Subject zukommt, zusammen, stellt diese vor dem Hauptsaz hin und verbindet sie mit demselben durch angemessene, das Verhältniß bezeichnende Partikeln, und dann entsteht eine zusammengesezte Periode. So wird also Subject und Prädikat nicht schlechtweg, wie in nakten einfachen Säzen, mit einander verbunden, sondern man kömmt durch einen Umweg dazu, welches die Griechen eben deswegen περίοδον und die Römer circuitum oder ambitum nannten. Beide Gattungen von Perioden finden sich sowol im Griechischen und Lateinischen als im Deutschen, nur in jenen Sprachen in grösserer Vollkommenheit. Jedem,

der

der nur einigermaſſen dieſe Sprachen kennt und mit einander verglichen hat, iſt es auffallend, wie viele Sachen mit ihren erforderlichen Beſtimmungen Griechen und Römer in eine Periode zuſammendrängen können, zu deren Ausdruck wir drei und mehr Perioden brauchen, wenn ſie anders verſtändlich werden ſollen. — Was iſt alſo die Urſache dieſer Erſcheinung? — Man könnte vermuthen, daß unſre Sprache vielleicht nicht geſchickt ſei, die verſchiedenen Verhältniſſe der Säze ſo gegeneinander auszudrücken, welches bei manchen ungebildeten Sprachen, wie im Hebräiſchen, wirklich der Fall iſt. Aber an Conjunctionen fehlt es uns wirklich nicht. Wir ſind im Stande, dieſelben Conjunctionen, welche ſich in einer griechiſchen und lateiniſchen Periode finden, auszudrücken, und die Rede wird doch undeutſch und unverſtändlich. Die wahren Urſachen müſſen alſo tiefer liegen. — Und wirklich findet es ſich bei

bei einer genauen und aufmerksamen Vergleichung des deutschen Periodenbaues mit dem griechischen und lateinischen, daß der wahre Grund davon auf dem wesentlichen Unterschied dieser Sprachen in Ansehung des Baues ihrer Wörter und ihrer Wortfolge beruhe.

Bei einer Periode kommt es, wie sich aus dem Vorigen ergiebt, hauptsächlich auf Einschaltung und geschickte Verbindung der Säze an. Denn eine jede besteht aus einem oder zwei Hauptsäzen, welche durch Nebensäze bis zu einer gewissen Länge erweitert sind. Die Sprache, welche ihre Säze also auf die mannigfaltigste Weise erweitern, und am besten unter einander verbinden kann, muß auch die mehrste Fähigkeit haben schöne Perioden zu bilden. Nach Entdeckung der catilinarischen Verschwörung sagte Cicero zum Volk: (Orat. in Cat. III. c. 1.) „Ich habe mich um euch eben

eben so verdient gemacht als Romulus, weil ich den Staat vom Untergang errettet habe, welchen er stiftete. Und der Tag unsrer Erhaltung kann uns ja nicht minder merkwürdig seyn, als der Tag unsrer Geburt. Denn bei unsrer Geburt ist unser Schicksal zweifelhaft, bei unsrer Erhaltung unser Glück gewiß; unsern Eintritt in die Welt empfinden wir nicht, aber die Erhaltung unsers Lebens macht uns Freude." Die verschiedenen Säze fasset er durch eine geschickte Verknüpfung in eine Periode zusammen. Nachdem er gesagt hatte: Rempublicam meis periculis ex flamma atque ferro, ac pere ex faucibus fati ereptam & vobis conservatam ac restitutam videtis, fährt er fort: Et si non minus iucundi atque illustres sunt ii dies, quibus conservamur, quam illi, quibus nascimur; quod salutis certa laetitia est, nascendi incerta conditio, & quod sine sensu nascimur, cum voluptate conservamur; profecto, quoniam

illum,

illum, qui hanc urbem condidit, Romulum ad Deos immortales benevolentia famaque sustulimus; esse apud vos posterosque vestros in honore debebit is, qui eandem hanc urbem conditam amplificatamque servavit. — Die Sprache also, welche dergleichen Einschaltungen und Verbindungen der Säzen begünstigt, muß auch für den Periodenbau die vortheilhafteste seyn. Und da findet es sich, daß die bestimmte Wortfolge und viele Verbindungen von Wörtern im Deutschen keine Einschaltungen gestatten, wo es im Griechischen und Lateinischen sehr gut angeht. So denken wir uns Adjectivum und Substantivum, das Substantivum mit dem von ihm regierten Genitivo so genau verbunden, daß sich kein Saz zwischen dieselben einschieben läßt. Im Griechischen und Lateinischen aber geht es sehr gut an. Ein Beispiel sei Cic. Pro. Arch. P. c. 6. Quam multas nobis *imagines*, non solum ad intuendum, verum etiam

ad

ad imitandum, *fortiſſimorum virorum* expreſſas ſcriptores &. græci & latini reliquerunt, wo imagines fortiſſimorum virorum durch einen ziemlich langen Saz getrennt iſt. Die Beſtimmungen, welche eingeſchoben werden, betreffen faſt immer entweder das Subject oder die Beſtimnungswörter des Verbi, ſelten das Verbum ſelbſt. Im Deutſchen ſtehen die Beſtimmungswörter des Verbi in der natürlichen Wortfolge nach dem Verbo. Sollen nun Säze zur nähern Erläuterung derſelben hinzugefügt werden, ſo kommen ſie immer am Ende der Periode zu ſtehen und werden Anhängſel derſelben. Da aber im Griechiſchen und Lateiniſchen das Verbum zulezt ſteht, ſo werden ſie dadurch zugleich in dem Saz mit eingeſchloſſen. Dieſe Art von Einſchiebung geht daher auch bisweilen bei der verbindenden Wortfolge des Deutſchen an. — Manche Säze, welche eine Folge des vorhergehenden ſind, können im

Deutschen nicht, wie in den ältern Sprachen, zwischen Prädikat und Subject desselben eingeschoben werden; z. B. Mein Freund räth mir, daß ich die Stadt verlassen soll; amicus, ut ex urbe proficiscar, auctor mihi est: Wer überlegt wol immer, was er ausführen kann? Quis quaeso semper, quid efficere possit, cogitat? — Eben so stehen die relativen Säze immer nach dem Saz, auf welchen sie sich beziehen; im Griechischen und Lateinischen geben sie häufige Veranlassung zu Einschaltungen, z. B. Plin. Panegyr. c. 2. nihil, quae ante, dicamus; nihil enim, quale antea, patimur; nec eadem de principe palam, quae prius, praedicemus; neque enim eadem secreto loquimur, quae prius. — Das quale ante, quae prius ist in dem Saz eingeschoben, welches im Deutschen nur nach demselben stehen könnte.

Man begreift leicht, daß mehrere Säze, wenn sie von einiger Länge sind, nicht in ein=
ander

anber geschoben werden können, ohne die Deutlichkeit zu verlezen. Da nun das Deutsche, um dieselbe Sache auszudrücken mehrentheils mehr Worte gebraucht, als die beiden ältern Sprachen, so kann es dergleichen Verbindungen auch viel seltner wagen. In der zweiten Catil. Rede sagt Cicero im ersten Kap. Sed cur tamdiu de uno hoste loquimur, & de eo hoste, qui iam fatetur se esse hostem & quem, quis, quod semper volui, murus interest, non timeo. Wer würde es wol im Deutschen wagen, die drei lezten Säze so in einander zu schieben? und wenn man es versuchte, und sie, so gut es geschehen kann, mit einander verbände, so würde sie doch länger, und eben deswegen undeutlicher werden, z. B. und welchen ich, weil die Mauer uns, wie ich es immer wünschte, trennt, nicht mehr fürch=
ten darf.

Ueberhaupt aber gilt es von jeder Periode, daß sie nur eine gewisse Anzal von Nebensäzen in sich faßen muß, weil sonst die Aufmerksamkeit auf den Hauptsaz geschwächet wird, welcher dem Zuhörer immer vor Augen schweben muß, wenn er ihm deutlich bleiben soll. Dieser Umstand ist eine neue Ursache, welche uns hindert, nicht so viele Gedanken in eine Periode zusammenzubrängen, als die Griechen und Römer konnten. Denn die Einrichtung unsrer Sprache zwingt uns oft, schon dann in Nebensäzen zu reden, wo jene einen bloßen einfachen Saz haben, und daher entsteht auch aus einer einfachen griechischen oder lateinischen Periode im Deutschen schon eine zusammengesezte. Das Deutsche sezt dem Substantivo alle concrescirten Bestimmungswörter vor: Bei Häufung derselben müßen wir daher; um nicht schleppend zu werden, manchen derselben hinter das Substantivum stellen, und in einen

einen Nebensaz faſſen, welches im Griechiſchen und Lateiniſchen nicht nöthig iſt, weil die Adjective ſchon ſo hinter dem Subſtantivo ſtehen können. — Wo die Alten die Conſtruction des Accuſativs mit dem Infinitivo haben, machen wir ſchon zwei Säze. Der Mangel unſrer Sprache an Participiis und der eingeſchränkte Gebrauch derſelben zwingt uns gleichfalls, da, wo Griechen und Römer einen blos ausgebildeten Saz haben, einen durch Nebenſäze erweiterten zu wählen, und ſo entſteht im Deutſchen ſchon oft Dunkelheit, wo in jenen Sprachen helles Licht war. Wie einfach iſt nicht die Rede des Sokrates an ſeinen Sohn Lamprokles beim Xenophon (Mem. II. 2, 14.) τὺς ἀνθρώπυς φυλάξῃ, μὴ σὲ αἰσθόμενοι τῶν γονέων ἀμελῦντα πάντες ἀτιμάσωσι, εἶτα ἐν ἐρημίᾳ φίλων ἀναφανῇς. Und im Deutſchen müſſen wir bei derſelben

Stellung von Wörtern wenigstens drei Säze machen: Nimm dich in Acht, daß die Menschen nicht, wenn sie merken, daß du deine Eltern nicht ehrest, dich verachten, und du dann aller Freunde entblößt werdest.

Endlich sind auch die Beziehungswörter, qui, ubi, unde u. dergl. den Alten, theils zur Verbindung der Säze und zur Verkettung ganzer Perioden sehr behülflich, uns aber nicht. Eine Stelle welche mehrere Beispiele solcher Verbindungen giebt, ist Cic. pro Arch. P. c. 11. Nam *quas res* nos in consulatu nostro vobiscum simul pro salute huius urbis atque imperii & pro vita civium proque universa republica gessimus, attigit hic versibus atque inchoavit. *Quibus audisis*, quod mihi magna res & iucunda visa est, hunc ad perficiendum hortatus sum. Nullam enim virtus aliam mercedem laborum periculorumque desiderat, præter hanc laudis & gloriæ

gloriæ; *qua quidem detracta*, iudices, quid eſt, quod in hoc tam exiguo vitæ curriculo & tam brevi tantis nos in laboribus exerceamus. Bei dem erſten quas iſt ſchon eine Zuſammenziehung zweier Säze, für nam eas res, quas geſſimus; das zweite quibus auditis für quum hoc audiviſſem; das dritte qua detracta für hac enim detracta. Hier wird alſo, wie bekannt, das qui, quæ, quod, für hic mit einer Conjunction geſezt. — Aber warum können wir das im Deutſchen auch nicht? — Die Urſache iſt, weil alle unſre Beziehungswörter nothwendig zu Anfang eines Sazes ſtehen, und unſre Conjunctionen da, weil, denn, als u. ſ. w. gleichfalls. Dieſe kommen dann in Concurrenz, und weil die Conjunction dem Beziehungswort nicht nachgeben kann, ſo muß um deswillen noch ein Nebenſaz gemacht werden. Quod quum audiviſſem kann man weder geben, welches da ich gehöret hatte, noch da ich welches gehöret hatte, sondern um sowol der Conjunction, als dem Relativo sein Recht wiederfahren zu lassen, müste man es in zwei Säze zerschlagen, welches, da ich es gehöret hatte; dieß würde aber wieder ein unnöthiger Ueberfluß seyn. Daher sagt man kurz: da ich dieses gehöret hatte. Aber die Verbindung zweier Perioden, wenn sie einen gemeinschaftlichen Begriff haben, welche im Griechischen und Lateinischen so angenehm ist, geht dadurch auch ganz verlohren.

Durch diese und ähnliche kleine Hülfsmittel mehr, bei deren Anwendung ihnen noch die grosse Freiheit in Sezung der Worte und ihre Kürze zu statten kömmt, bewirkten es die Alten, daß sie nicht nur die Säze und Perioden geschickt unter sich verbinden, sondern auch fast jedem Wort seine Erklärung, Bestimmung, Einschränkung, sogleich beifügen konnten, wo

wir

wir nothwendig und durch die wesentliche Einrichtung unsrer Sprache gezwungen, mehrere Perioden machen müssen. Da auch hievon jedem, der diese Sprachen nur einigermassen kennt, Beispiele in Gedanken seyn müssen, so will ich hier nur auch einige verweisen; Cicero Catil. III. c. 2. Atque ego ut vidi, &c. Ad Quir. post Red. zu Anfang. Quod precatus a Jove ter O. M. — Lysiæ Or. 31. c. 15. πολιορκούντων δὲ &c. c. 18. ἐκείνων δὲ τῶν ἀνδρῶν ἄξιον &c. und mehrere Stellen dieser schönen Rede.

In Ansehung der Kürze erhalten also die beiden ältern Sprachen ohne Zweifel den Preis, welche um desto schätzbarer ist, da sie zur Bildung schöner Perioden, welche oft von grosser Wirkung sind, so sehr behülflich ist. Die nächste Eigenschaft, welche wir zu betrachten haben, ist

2) Die Klarheit.

Unsre Absicht beim Reden ist, durch Worte dieselben Vorstellungen und Begriffe bei andern zu erregen, welche wir selbst haben. Es muß uns also daran gelegen seyn, daß dieß nicht etwa dunkel und verworren geschehe, sondern mit der höchsten möglichen Klarheit und Deutlichkeit, weil ohne dieß der Zuhörer nie dieselben Gedanken und Empfindungen erhalten kann, welche wir in ihm durch unsre Rede zu erwecken wünschen. Eine Sprache welche in ihrer ersten Einrichtung dieser Klarheit Hindernisse in den Weg legt, kann unmöglich so vollkommen seyn, als die, welche die Deutlichkeit der Begriffe so viel als möglich, befördert, weil sie dadurch dem Zweck, weswegen man sich ihrer bedient, entgegen arbeitet. Im Ganzen genommen ist in jeder Sprache hinlänglich dafür gesorgt, daß sie sich in den gewöhnlichen Fällen deutlich, und, wenn es erforderlich ist, auch bestimmt genug ausdrücken kann. Dazu fehlt es keiner Sprache an mancherlei Hülfsmitteln. Und ohne dieß wären sie selbst auch

ein

ein Mittel, welches zur Erreichung seines End-
zweckes sehr untauglich wäre. Indessen sind
die Grade der Klarheit sehr verschieden, und
es äussert sich auch in diesem Stück ein merklicher Unterschied in den verschiedenen Sprachen.
Wenn hier also die Frage ist, welche Sprache
deutlicher und bestimmter redet als die andre,
so heißt das so viel, als: welche Sprache in
ihrem natürlichen Gange das mehreste Licht
über die Gegenstände verbreitet? welche das
wenigste Schwankende hat, wenn sie sich ihrer
gewöhnlichen Ausdrücke und Constructionen bedient, welche also am wenigsten nöthig hat,
zu Umschreibungen, Veränderung der Wortfolge, oder andern Mitteln ihre Zuflucht zu
nehmen, und wenn sie es muß, welche die
leichtesten Hülfsmittel hat?

Ein Theil der Dunkelheit in der Sprache
rührt von dem Bau der Wörter und der Art
der Wortfolge, also von der wesentlichen Einrichtung

richtung der Sprache her, welche sich daher fast gar nicht heben läßt; ein andrer von andern Nebenunvollkommenheiten, welche durch die Geschicklichkeit des Schriftstellers, der die Eigenthümlichkeiten seiner Sprache kennt, vermieden werden kann. Beide bleiben aber allemal Fehler, und wichtige Fehler. Denn die Sprache ist für das Volk, und da ist es nicht genug, sich mit Mühe und zur Noth deutlich und bestimmt ausdrücken zu können. Die ist die vollkommenste, welche es ungesucht und auf eine leichte Weise kann.

Soll eine Sprache deutlich seyn, so müssen die Wörter derselben eine gewisse feste Vorstellung erregen, folglich ihre bestimmte Bedeutung haben. Je mehr vieldeutige Wörter eine Sprache besizt, (denn ganz ist keine davon frei,) besonders wenn die Begriffe, welche durch ein und dasselbe Wort bezeichnet werden, nahe an einander grenzen, desto un-

bestimm-

beſtimmter, ſchwankender, undeutlicher wird ſie. Im Deutſchen z. B. wird riechen, ſchmecken, Geruch, Geſchmack, theils als Eigenſchaft gewiſſer Dinge gebraucht, theils als Empfindung, welche dieſe Eigenſchaft in uns erregt. Eine Blume kann gut riechen und einen guten Geruch haben, eine Speiſe kann gut ſchmecken, und einen guten Geſchmack haben, und auch der Menſch riecht, und hat einen guten Geruch, auch der Menſch ſchmeckt, und hat einen guten Geſchmack. Wie ſchön bezeichnen dieſen Unterſchied nicht die beiden ältern Sprachen auch durch verſchiedene Ausdrücke? ὄζειν, olere, wird von der Sache gebraucht, welche den Geruch von ſich giebt, ὀσφραίνειν, olfacere, von dem Geſchöpf, welches die Empfindung dieſes Geruchs hat. An dergleichen Wörtern fehlt es keiner Sprache, und es läßt ſich ſchwer beſtimmen, welche davon die mehrſte hat. Es iſt alſo wirklich eine Art von

T   Armuth

Armuth an Ausdrücken, welche diese Dunkelheit veranlasset. Eben sie ist auch Veranlassung zur Undeutlichkeit, wenn Begriffe bezeichnet werden sollen, wofür die Sprache keine bestimmte Ausdrücke hat, wo man also entweder fremde Ausdrücke entlehnt, welche nur dem kleinsten Theil der Leser verständlich sind, oder auch gewöhnliche Wörter in ungewöhnlichen Bedeutungen nimmt. Dieß war der so häufige Fall in Rom, als man lateinisch zu philosophiren anfieng, und ist es itzt bei deutschen Philosophen noch. Freilich kann und muß der gute Schriftsteller, die neue Bedeutung, in welcher er das Wort verstanden wissen will, vorher genau bestimmen. Aber auch diese Bestimmungen bleiben dem Leser nicht immer gegenwärtig, sondern die gewöhnliche Bedeutung vermischt sich unvermerkt mit jener. Diese Dunkelheit ist oft unvermeidlich, allein die reiche, schon durch Wissenschaften gebildete, und ihnen angepaßte Sprache,

Sprache, oder diejenige, welche viel Fähigkeit zu Bildung neuer Wörter besizt, wird sie am wenigsten haben; also sicher die Griechische am wenigsten, die Lateinische am mehresten.

Auch diejenigen Wörter, welche etwas allgemeines bedeuten und doch eingeschränkt verstanden werden sollen, und bald in guter, bald in schlimmer, also in ganz entgegengesezter Bedeutung genommen werden können, die sogenannten vocabula $μέσα$ erregen eben wegen ihrer unbestimmten Bedeutung schwankende Vorstellungen. Mehrentheils verliehren sich solche Wörter aus der Sprache bei ihrer weitern Ausbildung. Man braucht sie erst oft entweder blos in gutem Verstande, oder auch im schlimmen mit einem gewissen Nachdruck, und dann behalten sie zulezt diese Bedeutung so, daß sie nicht mehr im entgegengesezten Verstand genommen werden können. Ein solches vocabulum $μέσον$ ist im Deutschen Glück; es — kommt

kommt aufs Glück an', d. h. es kömmt auf zufällige Umstände an, ob die Sache gut oder schlimm ausfallen werde. Allein man hat es anfangs mit einer Emphase oft in gutem Verstande gebraucht; das war ein grosses Glück u. dergl. so daß man es vom widrigen Zufall nicht mehr gebraucht. Gewitter war anfangs nichts anders, als was wir izt Witterung nennen; man sagte: gutes, fruchtbares Gewitter. Seitden man es aber oft für das Phänomen des Donnern und Blitzen genommen hat, ist es in Bedeutung veraltert. Das Deutsche hat sich dieser Ausdrücke am mehresten entledigt, oder bedient sich ihrer vielmehr izt in bestimmter Bedeutung. Mehr Ueberbleibsel davon sind noch im Griechischen und die mehresten, wie mich dünkt, im Lateinischen. Forma, valetudo, fama, fortuna, res, fides, sind von der Art, welche ohne Beisaz oft in gutem, oft im schlimmen Verstande genommen

nommen werden. Kann man gleich der Zweideutigkeit vorbeugen, wenn man den Wörtern ein Adjectivum giebt; und also fortuna secunda, oder adversa sagt, valetudo prospera oder adversa, so thut der gute Schriftsteller es doch nicht gern anders, als wenn er eine auffallende Dunkelheit besorgt, weil diese Beiwörter zu gemein sind; und so wird in den mehresten Fällen die Vorstellung, welche durch ein solches Wort erreget wird, nicht klar genug.

Doch sind dieß Mängel, welche nur bei einzelnen, oft nicht einmal sehr häufig gebrauchten Wörtern statt finden. Von grösserer Wichtigkeit sind schon die Ausdrücke, welche zur Bestimmung der Verhältnisse entweder der Dinge gegen einander, oder der Säze der Redenden dienen. Diese kommen oft, in jeder Periode, beinahe in jedem Saz vor, und werden in der Sprache der Gelehrten sowol, als des Volks gebraucht. Sind diese schwankend,

fend, unbeſtimmt und vieldeutig, ſo gehört ſchon
viel Kunſt von Seiten des Redenden dazu,
aller Zweideutigkeit und Dunkelheit vorzubeu-
gen, und dennoch bleibt ſie bisweilen unvermeidlich. In dieſem Stück laſſen ſich die
Vorzüge der beiden ältern Sprachen nicht verkennen. Sie ſind viel genauer in dieſen kleinen Beſtimmungswörtern, und drücken oft feine
Unterſchiede ſehr glücklich durch verſchiedene
Wörter aus. Und eben dann ſind ſie in der
Rede auch recht nüzlich. Denn die Wörter,
deren Bedeutungen auffallend verſchieden ſind,
können eben ſo wenig Zweideutigkeit verurſachen, als andre Subſtantive oder Adjective von
mehrern ſehr von einander abweichenden Bedeutungen. Denn die ganze Verbindung bezeichnet dann ſehr klar den Sinn; z. B. als
wird theils als Zeitpartikel, theils in der Vergleichung gebraucht, (alſo für quum und quam)
aber es wird nicht leicht Veranlaſſung zur Un-
deutlich-

deutlichkeit geben, weil die Bedeutungen und der Gebrauch zu sehr verschieden sind. Schlimmer ist schon die Vieldeutigkeit der Partikeln wenn, daß, oder, noch. — Wenn drückt sowol die Zeitbestimmung, als Bedingung aus, und muß also die Stelle des lateinischen si, quum, quando, und das griechische εἰ, ἐὰν, ὅταν, ὅτε vertreten. Oder steht fürs lateinische vel, sive, aut, welches, wie Kenner des Lateinischen wissen, keinesweges gleichgeltende Ausdrücke sind, sondern nach einem feinen philosophischen Unterschied gebraucht werden. Noch steht für neque und adhuc, welches selbst bei der merklich verschiedenen Bedeutung bei unbehutsamen Schriftstellern Veranlassung zur Dunkelheit wird. Daß steht sowol für quod und ὅτι als für ut, und ἵνα, ὡς, ὥστε. Wenn diese Vielbedeutigkeit auch in der gewöhnlichen Rede nicht so viel Verwirrung anrichtet, wie man

man vielleicht auf den ersten Anblick vermuthen könnte, so verursacht sie doch immer eine gewisse Dunkelheit, welche so gros ist, daß die meisten nicht einmal die Vieldeutigkeit dieser Partikeln merken, sondern glauben, daß sie eins und daſſelbe Verhältniß bezeichnen. Werden sie auch jemanden erklärt, so erhält er schwerlich eher eine deutliche Einsicht davon, als bis er einige Uebung in den Sprachen hat, welche diesen Unterschied auch durch eigne Wörter bezeichnen, so groß ist der Einfluß der Genauigkeit der Sprache auch auf die klare Erkenntniß deſſen, der sie redet.

Zur Bezeichnung der Verhältniſſe dienen auch die Casus. Das Deutsche hat in Vergleichung mit dem Lateinischen und Griechischen eine sehr unvollkommene Declination. Bisweilen ist der Nachtheil nicht beträchtlich, wenn der Artikel, oder andre B stimmungswörter mit vollständigerer Declination dem Sub-

Substantivo vorgesezt werden. Oft ist dieß Mangelhafte sogar Veranlassung zu grösserer Klarheit, wenn man gezwungen wird, das Verhältniß, welches der dunkle Biegungslaut bezeichnen sollte, durch eine klärere Präposition auszudrücken. Allein es giebt Fälle, und häufige Fälle, wo weder jenes statt findet, noch dieses möglich ist: und dann verursacht die Unvollkommenheit der deutschen Declination allerdings Dunkelheit. Wie unangenehm dieß bisweilen schon bei Substantivis ist, wo der Genitiv und Dativ, der Nominativ und Accusativ so oft gleichlautend sind, und wo er doch, ohngeachtet jener Hülfsmittel oft dunkel werden kann, welcher von beiden Casibus zu verstehen sey, ist schon im vorigen erinnert worden. Dieß ist es nun noch weit mehr bei den Pronominibus, welche keinen Artikel, keine Adjectiva haben, auch selten mit Präpositionen gebraucht werden, und zudem an sich selbst

noch

noch zweideutig sind. So ist mit er, ihm und ihn, welches oft für das lateinische sibi und ipsi, se und illum gesezt wird, und wo also sehr leicht Zweideutigkeit entsteht, wenn der Schriftsteller nicht derselben durch eine andre Wendung vorbeugt: z. B. Sein Freund schrieb ihm, er habe das größte Looß gewonnen. — Wer hat es da gewonnen? der schreibende Freund, oder der, an welchen geschrieben wird. — Diese Zweideutigkeit findet bei der natürlichen Construction im Lateinischen nicht statt. Eben so verhält's sich mit sein, für suus und ejus; welches sowol die dritte Person des weiblichen Geschlechts im Singular, auch die dritte im Plural seyn kann, und noch dazu im Conversationston für die zweite gebraucht wird; ihr, sich für sibi und se, auch für untereinander macht den Sinn oft auch schwankend. Die so häufig gebrauchten Artikel, der, die, das und das Pronomen Relativum geben wegen ihrer Gleichheit in verschiedenen

schiedenen Casibus öftere Veranlassung zu Zweideutigkeiten. In den beiden alten Sprachen ist dieß der seltnere Fall bei den Neutris, wegen der drei gleichen Casus, welche sie haben; eben so können quæ, hæc, ea, illa, ipsa sowol die Feminina des Singularis als die Neutra des Pluralis seyn. Freilich kann der sorgfältige Schriftsteller allen den daraus entspringenden Undeutlichkeiten vorbeugen; er weiß auch die Hindernisse der Sprache zu überwinden. Aber vorzüglicher ist doch immer die Sprache, welche keine Hindernisse in den Weg legt; wo der Redende, ohne besonders auf seiner Hut zu seyn, so verständlich reden kann, als er es wünscht, wo der natürliche Ausdruck, der sich von selbst darbietet, auch der klärste und deutlichste ist.

Auch aus gewissen Constructionen entstehen bisweilen Zweideutigkeiten, welche aber unter allen drei Sprachen so vertheilt sind, daß

daß keine der andern etwas vorzuwerfen hat, oder in dieser Rücksicht den Vorzug verdient. Von dieser Art ist im Deutschen, wenn ein Verbum zwei Accusativ regiert, er hat ihn rufen laſſen, welches sowol vocare eum iuſſit, als vocari eum iuſſit bedeuten kann. Im Lateiniſchen und Griechiſchen iſt ſo die Conſtruction des Accuſativs mit dem Infinitivo: Aio, te, Aeacida, Romanos vincere poſſe. So kann es auch noch ben verbis imperſonalibus, decet, oportet, pudet; πρέπει, δεῖ u. ſ. w. zweifelhaft werden, welcher von den beiden Accuſativs das Subject ſeyn ſoll, weil man nicht, wie im Deutſchen, der Regel nach das erſte fürs Subject nehmen kann. Doch dergleichen Zweideutigkeiten laſſen ſich bei geringer Aufmerkſamkeit vermeiden, und ihrer durfte hier alſo nur im Vorbeigehen gedacht werden.

Dieß ſind Flecken, welcher jeder menſchlichen Sprache mehr oder weniger ankleben,

welche

welche nur in wenigen Worten und einzelnen Stellen statt finden, welche auch völlig verwischt werden können, so daß sie das Auge nicht beleidigen. Anders verhält es sich aber mit der Dunkelheit, welche nicht sowol aus Vieldeutigkeit einzelner Wörter, als aus der ganzen wesentlichen Einrichtung der Sprache herrühret, vermöge welcher die Vorstellungen, die durch die Ausdrücke erwecket werden sollen, nie zur höchsten möglichen Klarheit gebracht werden können. Diese Dunkelheit ist desto nachtheiliger, je weniger es in der Gewalt des Schriftstellers steht, sie aus dem Wege zu räumen.

In dem Bau der Wörter, war der wesentliche herrschende Unterschied, wie aus dem vorigen erhellet, daß die beiden ältern Sprachen und vorzüglich das Griechische viele Begriffe in ein Wort durch Ableitung zusammendrängen, da hingegen das Deutsche weit häufiger

ger die verschiedenen Begriffe auch durch einzelne Wörter andeutet. Es läßt sich schon aus der Natur der menschlichen Seele, und aus der Art, wie sie zu Werke geht, um sich deutliche Vorstellungen zu verschaffen, schliesen, welche Sprache also in Ansehung der daraus entspringenden Klarheit die vollkommenste seyn müsse. Die Vorstellungskraft des Menschen ist zu eingeschränkt, als daß sie sich ein Ding mit allen seinen Eigenschaften, Verhältnissen, Umständen auf einmal deutlich denken könnte. Der erste Eindruck einer neuen, noch nie gesehenen, aus vielen Theilen bestehenden Sache ist immer dunkel und verworren. Nur wenn man sie von allen Seiten, nach allen ihren Eigenschaften und Verhältnissen theilweise betrachtet hat, und dann dieß alles zusammen hält, so entsteht daraus eine klare Vorstellung. — Gerade so geht es mit den Wörtern einer Sprache. Ein Wort, welches uns viele Begriffe mit einmal

zu

zu denken giebt, läßt uns freilich das Ganze auf einmal überschauen, allein die Vorstellung kann nur dunkel werden, weil es uns nicht theilweise die verschiedenen Bestandtheile betrachten läßt, welches der einzige Weg für den Menschen ist, zur klaren Erkenntniß zu gelangen. Daher kömmt es auch, daß Schriftsteller undeutlich werden, wenn sie zu viele Begriffe in einander drängen, ohne sie gehörig aus einander zu sezen. Wenn man auch auf die verschiedenen Wörter einer Sprache achtet, so wird man bald gewahr, daß es uns am leichtesten wird, den Begriff derjenigen, welche eine einzelne Sache bezeichnen, klar zu denken; hingegen immer schwerer, je zusammengesezter der Begriff ist, welchen der Ausdruck in uns erwecken soll. Daher hat Ableitung und Zusammensezung der Wörter, selbst in den Sprachen, welche hierin die größten Freiheiten besizen, ihre Grenzen. Bei zu vielen Ableitungs-

silben

Silben, bei zu vielen in eins geschmolzenen Wörtern, fühlt es auch der sinnlichste Mensch, daß seine Vorstellungen von der Sache sich so in Dunkelheit verhüllen, daß er fast nichts mehr davon gewahr wird. Daher glaubte ich mit Recht vorhin urtheilen zu dürfen, daß mit dem aus 28 Wörtern zusammengesezten Ausdruck des Aristophanes selbst der Grieche nicht einen nur einigermaßen klaren Begriff habe verbinden können. Gilt dieß von zusammengesezten Wörtern, so muß es noch vielmehr von abgeleiteten wahr seyn. Jene bestehen doch aus ganzen Wörtern, welche nur in eins vereinigt sind. Und jedes Wort hat, wenn es sich gleich nicht immer mit völliger Klarheit denken läßt, doch gewiß seine bekannte Bedeutung. Bei einer Ableitungs- oder Biegungssilbe hingegen an sich, denken wir nichts. Nur durch die häufige Verbindung mit andern Wörtern, welche bei ähnlichen Fällen immer auf dieselbe Art geschieht, erhalten wir nach

und

und nach, bald klärer, bald dunkler, einen Begriff davon, was sie bedeuten soll. Wird sie oft und in sehr bestimmten Fällen angewandt, so erhält sie einen merklichen Grad der Klarheit, aber nie kann sie so deutlich werden, als ein Wort von Bedeutung, welches gleichfalls den Begriff der Ableitungssilbe ausdrückt. Hieraus läßt sich leicht schließen, daß bei dem wesentlichen Unterschied zwischen der deutschen und den ältern Sprachen, die erste nothwendig an Klarheit gewinnen müsse. Wenn also der Grieche $\vartheta\alpha\lambda\alpha\sigma\sigma\epsilon\acute{o}\omega$ oder $\vartheta\alpha\lambda\alpha\sigma\sigma\acute{o}\omega$ sagte, so könnte er sicher nicht so deutliche Begriffe dabei haben, als wenn wir sagen: ich befinde mich auf dem Meer; ich werfe ins Meer. Die vielen Imitativa, Frequentativa, Desiderativa geben immer nur einen dunkeln schwankenden Begriff, wie das $\dot{\epsilon}\lambda\lambda\eta\nu\acute{\iota}\zeta\omega$, $\tau\varrho o\chi\acute{\alpha}\zeta\omega$, $\mu\alpha\vartheta\eta\tau\iota\acute{\alpha}\omega$, $\beta\alpha\sigma\iota\lambda\epsilon\iota\acute{\alpha}\omega$, græcisso, cursito, coenaturio. Daher mußten die Alten auch manchmal das Wort durch einen Beisaz näher bestimmen, wie z. B. ἑλληνίζειν, welches auf alte griechische Sitten, Sprache, Lebensart gehen konnte; daher so oft ἑλληνίζειν τῇ φωνῇ, wofür wir weit deutlicher sagen, griechisch reden.

Durch die Biegungslaute werden Verhältnisse und Umstände an dem Wort selbst ausgedrückt. In den ältesten Zeiten der Sprache bezeichnete man höchst warscheinlich diese gar nicht, weil man sie sich selbst nur dunkel dachte, sondern ließ sie aus dem Zusammenhang errathen, eben so wie man im Hebräischen nie Mittel gefunden oder angewandt hat, die verschiedenen Modos des Verbi anzudeuten, sondern es dem Zuhörer und Leser überläßt, diese aus der ganzen Verbindung der Rede ausfindig zu machen. Ein jeder, der diese Sprache nur einigermaßen kennt, weiß es auch, wie schwer es ist, besonders in philosophischen Schrif-

Schriften, wie dem Prediger Salomo, Licht und Deutlichkeit zu finden. Daher sind gute Uebersezungen solcher Bücher, wirkliche Commentare; denn der Uebersezer muß hier wirklich das Licht, was dem Original fehlte, in den Text hineintragen, und dem Geist unsrer Sprache gemäß, alle Verhältnisse und die modos, welche dort unbezeichnet gelassen sind, ausdrücken. — Nach und nach schlug man den Weg ein, diese verschiedenen Nebenbegriffe an dem Wort selbst zu bezeichnen, wovon noch unsre Sprache deutliche Spuren an sich trägt, und welches im Griechischen und Lateinischen immer eins der Hauptmittel geblieben ist. Allein der bloße Biegungsbau konnte auch, wenn gleich einen einigermaſſen klaren, doch immer noch nur dunkeln Begriff erwecken; besonders da der Laute so wenig und der Begriffe so viel waren; daher man denn im Deutschen die dunkeln Biegungsſilben der Declination durch die Präpositionen und in der Conjugation durch die Pronomina und Hülfswörter erſezt hat. Durch ſie erhalten wir die zuſammengeſezten Begriffe theilweiſe, und folglich deutlicher. Es ſind Wörter von ſonſt bekannter Bedeutung, und beſonders bei den Präpoſitionen iſt der Vortheil, daß ihrer weit mehr, als Biegungs- laute ſind, und ſie alſo viel geſchickter ſind, die verſchiedenen Verhältniſſe zu bezeichnen. Wenn alſo die Alten z. B. ſagten; er that es ἐπιθυμίᾳ δόξης, gloriæ cupidine, er unterließ es, φόβῳ τῆς τιμωρίας, ſo iſt unſer aus Begierde nach Ehre, aus Furcht vor der Strafe, gewiß deutlicher. Die Alten ſagten: τὸ χρυσίον τȣ̃ ἀργυρίȣ τιμιώτερόν ἐςι, aurum pretiosius est argento; wie viel deutli- cher, Gold iſt koſtbarer als Silber. Wenn wir ſagen: er nahm ihn bei der Hand, ſo ſagen ſie viel dunkler: ἔλαβεν αὐτὸν χειρὸς,

manu

manu prehendit eum; welches im Lateinischen noch die Zweideutigkeit hat, daß es auch heiſ‑ ſen kann; er faßte ihn mit der Hand. Der Grieche würde dann χειρὶ ſagen. Eben ſo ſind im Griechiſchen noch mehr Redensarten, welche dunkel werden, weil das Verhältniß blos durch den Caſum, nicht durch eigne Präpoſi‑ tionen ausgedrückt werden: Φιλεῖς αὐτὸν ἀρετῆς, μισῶ αὐτὸν τῆς πλεονεξίας, du liebſt ihn wegen ſeiner Tugend, ich haſſe ihn wegen ſeiner Habſucht; τὰ πολλῷ καμάτῳ πεπονημένα Ῥωμαίοις, was von den Rö‑ mern mit vieler Mühe ausgeführt war; ὅσα τῷ Μάρκῳ πέπρακται πολλοῖς καὶ σοφοῖς ἀνδράσι συγγέγραπται, wo es der ſogenannte Dativus Commodi zu ſeyn ſcheint, der es doch nicht ſeyn ſoll; ſondern: was von Markus ausgerichtet iſt, iſt von vielen ge‑
lehrten

lehrten Männern beschrieben worden. Die Römer ahmen dieß bisweilen nach, mihi dictum est, für a me dictum ast. Τὸ αὐτὸ πάσχειν τῷ Ικάρῳ; er litt daſſelbe mit dem Ikarus, oder ihm wiederfuhr das, was dem Ikarus wiederfuhr. Eben ſo ῥωμαλέος τὸ σῶμα oder τῷ σώματι, robuſtus corpore, ſtark von Körper; Ἑλένη ταῖς θεαῖς ἔοικε τὴν ὥραν. Helena glich den Göttinnen an Schönheit; τυρὸς πρωτορρύτε γάλακτος Käſe von friſcher Milch; ἐρκίζω σε τὸν Δία ich beſchwöre dich beim Jupiter. Es iſt unverkennbar, daß in dieſen und ähnlichen Fällen, das Deutſche, welches dieſe Verhältniſſe durch Präpoſitionen ausdrückt, viel klärer und beſtimmter redet, als die ältern Sprachen, wo der dunkle Biegungslaut die Stelle der vielen Präpoſitionen vertreten muß.

In

In den ältern Sprachen herrscht bei den Verbis, weil die mehresten Verhältnisse an denselben durch Biegungslaute bezeichnet werden, dieselbe Dunkelheit. Die Personen, welche wir ausdrücklich durch unsre Pronomina nennen, deuten sie blos durch die Endungen an. Wenn daher einige empfindelnde Schriftsteller auch im Deutschen diese genaue Bezeichnung der Persönlichkeit weglassen, z. B. bist nicht gescheut; war ihm immer gut, dem lieben Jungen, möcht ihn wol einmal wiedersehen, so stößt dieß nicht blos gegen den Sprachgebrauch an, sondern es gefällt auch nicht, wegen der Dunkelheit, welche es mit sich führt, wodurch es jedem deutschen Leser, der schon an diese hellere Ausdrücke gewöhnt ist, nothwendig widrig werden muß. — Ferner bezeichnen wir Deutschen die meisten Zeiten vermittelst der Hülfswörter, seyn, haben, und werden. Diese müssen, als ganze Wörter, schon klärere Begriffe geben

geben, als die bloßen Biegungslaute. Bloß das Präsens und Imperfectum im Activo werden durch einen Biegungslaut gebildet. Die Römer bezeichnen schon die verschiedenen Modificationen der Vergangenheit, und die Zukunft und selbst einige Tempora des Passivi auf diese Weise. Der Grieche, welcher die Methode durch Ableitungssilben Nebenbegriffe mit den Wörtern zu verbinden, unter allen bekannten Völkern am weitesten getrieben hat, bildet alle seine Tempora durch Biegungslaute, wenn ihn nicht in einzelnen Fällen ein Misklang zwingt, zu umschreiben; und dieß nicht blos, wenn das Subject thätig, oder leidend vorgestellt wird, sondern selbst dann, wenn das thätige Subject auch zugleich der leidende Gegenstand ist. Nothwendig muß auch der geborne Grieche bei dem Ausdruck: λυσάμενος ἀπήει immer einen ziemlich verworrenen Begriff gehabt haben. Denn wenn wir einen klärern Begriff damit ver-

verbinden, so geschieht es, weil wir ihn in der Stille bei uns übersetzen. Wie viel Wörter brauchen wir nicht um ihn in seine Bestand=
theile aufzulösen? Nachdem er sich gebadet hatte, oder, nachdem er sich hatte waschen lassen, gieng er davon. Es ist daher auch kein Wunder, wenn die Bedeutung des Medii bei den Griechen so schwankend und vieldeutig war.

Dieß gilt schon von allen Temporibus Finitis, aber noch mehr von den Participiis. So schön sie auch zur Beförderung der Kürze im Griechischen und Lateinischen dienen, so führt ihr Gebrauch doch einen merklichen Grad der Dunkelheit mit sich, welchen das Deutsche, wenn es gleich an Kürze verliehrt, glücklich vermeidet. Diese entsteht zuerst daraus, daß es in jenen Sprachen immer concrescirt ist, es mag als Eigenschafts = oder als Beschaffenheits=
wort, zur unmittelbaren Bestimmung des Substantivs oder des Verbi gebraucht werden.

Das Deutsche macht diesen Unterschied, und ist nicht nur genauer, sondern eben deswegen auch deutlicher. Zweitens wird an keinem Participio der Modus bezeichnet, und hat hier also wirklich die Unvollkommenheit und Dunkelheit, welche die ganze hebräische Conjugation mit sich führt, daß der Leser die Art. und Weise, wie das Verbum prädicirt wird, selbst errathen muß. Wenn also das Deutsche gezwungen ist, die lateinischen und griechischen Participia oft zu umschreiben, so hat es den grossen Vortheil, viel bestimmter zu reden. Wenn Plinius in jener Stelle so kurz sagt; Librum, quo nuper optimo principi consul gratias egi misi exigenti tibi, *misurus*, etsi non exegisses, so reden wir durch die ausdrückliche Nennung des Conjunctivi, ich würde sie dir geschickt haben, viel bestimmter. Drittens sind die Bestimmungswörter, welche bei der Zusammenziehung der Sätze durch participia ausgelassen werden,

von

von sehr verschiedener Art. Bald bezeichnen sie Ursache und Veranlassung, bald Bedingung, bald Zeitbestimmung, bald einen vorläufigen Umstand, bald einen Nebenumstand. Wie viel bestimmter sind wir da nicht, wenn wir jedesmal die hiehergehörige das Verhältniß genau bezeichnende Partikel ausdrücklich nennen. Der Grieche und Römer mußte es bei seinen vielen Participiis errathen, oder fühlte es nur dunkel, ob jedesmal ein wenn, weil, wann, da, als, indem, nachdem, wobei, obgleich, und, oder welcher zu verstehen sey; bei uns ist alles klar, weil das Bestimmungswort ausdrücklich genannt wird. Selbst Deutschen, welche doch durch ihre Muttersprache auf den richtigen Gebrauch dieser Bestimmungswörter geführt werden, bleibt es beim Lesen der Alten lange dunkel, welches Bestimmungswort jedesmal zugleich durchs Participium ausgedrückt worden ist. Nur ein Beispiel mag die Sache erläu=

erläutern. Mem. Socr. I. 5, 6. Τοιαῦτα δὲ λέγων (Σωκράτης) ἔτι ἐγκρατέστερον τοῖς ἔργοις ἢ τοῖς λόγοις ἑαυτόυ ἐπεδείκνυεν. Es gehört schon einige Uebung dazu, um zu merken, daß in dem λέγων hier unsre Partikel obgleich enthalten ist.

Die elliptische Redensarten sind freilich in den gewöhnlichen Fällen untadelhaft, weil der Gebrauch nur eine bestimmte Bedeutung daran geknüpft hat. Allein so bald man etwas anders, als der gewöhnlichste Gebrauch verstattet, darunter verstanden wissen will, werden sie dunkel, und wenn der Zusammenhang nicht sehr klar entscheidet, auch zweideutig; wie, wenn man z. B. bisweilen im Griechischen und Lateinischen bei Personen-Namen noch einen Genitivum angegeben findet, der natürlich den Namen des Vaters andeuten sollte, aber vom Bruder genommen wird. Eben so, wenn der Grieche sagt, ἐν Διονύσȣ ἤμεν, so kann es, je nachdem man, ἱερᾷ oder ἑορτῇ versteht heissen, wir waren im Tempel, oder, beim Fest des Bacchus. So wird auch bei ἐπετά-φιος oft λόγος, oft ἀγὼν supplirt. Grammatische Ellipsen aber, welche Zweideutigkeiten verursachen, sind immer fehlerhaft; z. B. Cic. epp. ad Div. III. 5, 15. Vellem potuisse obsequi voluntati tuae, und I. 9, 7. In molestia gaudeo, eam fidem cognoscere hominum, quam ego cognoram. Dieß giebt immer Dunkelheit. Ein jeder würde dieß an sich so verstehen; ich möchte gern deinem Wunsch eine Genüge thun; ich freue mich bei Widerwärtigkeiten die Treue andrer zu erfahren; und erst aus dem Zusammenhang sieht man, daß er im ersten Fall eum und im zweiten te verstehen wolle, welches sonst ungewöhnlich ist, und der Accusativ beim Infinitivo wird selbst

im

im Griechischen nur dann ausgelassen, wenn er mit dem Vorsaz dasselbe Subject ausmacht. Dieß mag zu den angenehmen Nachläßigkeiten des vertraulichen Brieftons gehören, aber Dunkelheiten verursachen sie immer. Bei den besten griechischen Schriftstellern, Xenophon, Isokrates, Plato, findet man auch nicht häufige Ellipsen, sondern selbst die gewöhnlichen elliptischen Redensarten vollständig ausgedrückt, z. B. διὰ παντὸς τοῦ βίου, τελευτᾶν τὸν βίον.

Eine Sprache, welche jeder Gattung von Wörtern, die von andern wesentlich unterschieden sind, ihr eignes Gepräge giebt, befördert immer die klare Erkenntniß unter dem Volk, welches sie redet. Man kann es als allgemeine Regel annehmen; was die Sprache nicht unterscheidet, unterscheidet auch der grosse Haufen nicht, wenn die Sachen auch wesentlich verschieden

schieden sind. Wer dachte wol unter den Römern und Griechen deutlich an den verschiedenen Gebrauch, welches ihr Adjectivum sowol wie Eigenschafts- als wie Beschaffenheitswort hat; und wie leicht wird es einem Deutschen werden, nachdem Adelung den Unterschied so einleuchtend gezeigt hat, ihn auch Kindern begreiflich zu machen, weil die Sprache selbst dem Eigenschaftswort den Stempel aufgedrückt und es hinlänglich vom Beschaffenheitswort unterschieden hat. Umgekehrt wird es jeder Deutsche erfahren, der nur den Versuch machen will, wie schwer es hält, einem Kinde oder einem Frauenzimmer, oder sonst jemanden, der mit fremden Sprachen unbekannt ist, den Unterschied zwischen dem Adverbio qualitatis und dem Beschaffenheitswort begreiflich zu machen. Die Ursache ist, weil hier die Sprache nicht unterscheidet. Dem Römer und Griechen und dem, der ihre Sprache versteht, wird dieser Unterschied

schied leicht, weil hier das Adverbium sein eignes Gepräge hat. In dieser Rücksicht haben also diese Sprachen, jede auf ihre eigne Weise, theils mehr Klarheit, theils mehr Dunkelheit vor der andern. Desto grösser ist aber der Mangel, wenn ein so wichtiges Hülfsmittel der Bestimmtheit und Deutlichkeit, als der Artikel ist, im Lateinischen gänzlich fehlt und im Griechischen wenigstens nicht so bestimmt, wie im Deutschen gebraucht wird. So sehr dieses dadurch an Klarheit und Präcision gewinnt, so sehr müssen jene, besonders das Lateinische, an Bestimmtheit verliehren.

Das Zweite wodurch sich das Deutsche von den beiden ältern Sprachen wesentlich unterschied, war die bestimmte Wortfolge und der feste Bau der Rede. In der ruhigen Rede wird zuerst das Subject, dann das Prädikat oder das Verbum, dann der Gegenstand genannt, worauf es sich bezieht. Wird nun gleich

bei

bei gewissen Conjunctionen das Verbum bis ans Ende des Sazes geworfen, und bei Fragen, Befehlen, Wünschen dem Subject vorgesezt, so bleibet doch immer in jedem Fall die Stelle der Hauptwörter des ganzen Sazes bestimmt. Nicht Abwechselung, nicht Wolklang, oder sonst irgend eine Ursache kann hier etwas ändern, ohne gegen die Grundgeseze der Sprache zu sündigen. Selbst bei der Inversion, wo entweder das Bestimmungswort des Verbi oder irgend ein andrer Nebenausdruck in die Stelle des Subjects gesezt wird, hat doch die ganze übrige Rede ihre bestimmte Form. Freilich wird auch im Lateinischen und Griechischen bei der ganz ruhigen Rede eben dieß der natürlichen Logik aller Menschen gemässe Gesez beobachtet, erst das Subject und dann das Prädikat zu nennen; allein die geringste Veranlassung ist Ursache genug in den Wörtern der Rede Versezungen vorzunehmen, nicht wie die

die Deutschen nach gewissen, unabänderlichen Gesezen, sondern nach Willkühr, so daß selbst unter den Alten viele zweifelten, ob es auch eine natürliche Wortfolge gebe. *) Im Deutschen bilden also die Hauptwörter der Rede, Subject, Verbum und dessen Bestimmungswort, welche den Hauptsaz ausmachen ein gewisses festes Skelet, welches mit den übrigen Nebenwörtern bekleidet wird, die mehrentheils auch ihre bestimmte Stelle haben. Es ist nicht zu leugnen, daß dieß ein Zwang ist, der auch sein Unangenehmes hat, aber der Klarheit und der Deutlichkeit der Rede, welches doch der höchste Zweck derselben ist, ist es offenbar beförderlich. Der Leser oder Zuhörer denkt schon immer mit Schriftsteller oder Redenden voraus, dieser darf nur seine Periode angefangen haben, so übersieht man schon den ganzen

*) Z. B. Dionysius Halicarnass. de structura Orationis.

ganzen Gang, den sie nehmen wird, weiß die
Stelle jedes Hauptworts und auch mancher
Nebenwörter genau anzugeben. Geschieht dieß
nicht immer mit Bewußtseyn, so geschieht es
doch nichts destoweniger wirklich von der Seele
schon mechanisch durch die Uebung. Sie denkt
gleichsam mit der innern Sprachen fort, und
hat etwas festes, woran sie sich halten kann.
Jede Periode von einigem Umfang kostet immer einige Anstrengung. Aber keine Sprachen
haben mehr Fähigkeit weitläuftige Perioden zu
bilden, in welchen viele Gedanken zusammenge-
drängt sind, als die beiden alten, und keine bedient sich ihrer häufiger, als eben sie. Die
deutsche Periode wenn sie noch so ausgebildet
ist, hat immer etwas Einfaches, sie verbreitet
über alles Klarheit, geht ihren Gang fort, bis
sie sich zuletzt auf ihre eigne Art entwickelt.
In der römischen und griechischen sind Wörter,
welche zusammen gehören, getrennt; diese muß

man

man in Gedanken wieder verbinden; die Säze kreuzen sich durch einander, alles bleibt dunkel und die Aufmerksamkeit gespannt, bis der Schluß alles enträthselt. Dieß kostet Anstrengung; und ist der Deutlichkeit nicht vortheilhaft, bei welcher sich der Sinn, dem Zuhörer gleichsam von selbst aufdringen muß. Denn der gewöhnliche Mensch will nicht mit Mühe, will mit Gemächlichkeit verstehen. Man kann die Wörter in einer Sprache mit den Buchstaben einer bekannten Schrift vergleichen. Werden diese auf eine gewöhnliche Art mit einander verbunden und die Wörter ihrer Sprache damit geschrieben, so reicht ein halber Blick hin, das Wort zu erkennen. Denn wir errathen aus der ersten Hälfte schon die zweite, und wir lesen mit Leichtigkeit. Aber ein fremdes Wort, mit denselben bekannten Characteren geschrieben, hält auf, und wir müssen es wohl einigemal recht ansehen, ehe wir es fassen. Das macht,

weil

weil uns die innere Sprache, mit welcher wir lesen, hier nicht zu statten kommt, und wir das Wort ganz aus nach allen seinen einzelnen Buchstaben betrachten müssen. Eben so errathen wir im Deutschen schon den Gang einer jeden Perioden im Voraus und folgen dem Redenden leichter; im Lateinischen und Griechischen hingegen müssen wir auf jeden einzelnen Theil genau achten, um ihn in Gedanken gehörig mit den andern zu verbinden, und das Ende ganz abwarten, ehe wir den Sinn fassen *). Selbst im Griechischen und Lateinischen, wo doch so viele Freiheit herrscht, hat daher doch die Versezung ihre Grenzen. Denn wollte

---

*) Vielleicht liegt darin mit die Ursache, warum wir nicht so viele zusammengesezte Perioden, die sich mit da, als, weil, nachdem u. s. w. anfangen, machen, wie die Alten. Denn bei diesen Conjunctionen ist unsre Construction ganz der ihrigen gleich, welche uns minder leicht und deutlich ist.

wollte man alle Wörter durch einander werfen, so würde die Verbindung derselben dem Zuhörer oder Leser noch mehr Mühe machen, die Aufmerksamkeit mehr auf die Wörter als auf die Sache gelenkt, und also der Schriftsteller weniger verständlich werden.

Aus diesen Betrachtungen erhellet so viel, daß unleugbar die wesentliche Einrichtung des Deutschen, so wol im Bau als in Verbindung der Wörter vergleichungsweise mehr Klarheit und Licht über die ganze Rede verbreitet, als die Natur der ältern Sprachen verstattet. Allein man würde ungerecht seyn, wenn man nun eine allgemein herrschende Dunkelheit in den Schriften der Alten daraus folgern und sich überreden wollte, daß sie egyptischen Hieroglyphen glichen, welche mehr mit Mühe entzifert, als mit Leichtigkeit gelesen werden können.

können. Daher glaub ich mich kaum entschuldigen zu dürfen, wenn ich folgende Einschränkungen hinzu füge.

Es ist wahr, ein ganzes Wort, welches mir den Begriff einer Ableitungsilbe ausdrückt, ist immer deutlicher, als die Ableitungssilbe selbst. Aber bisweilen ist diese auch nicht sehr dunkel, sondern hat schon einen merklichen Grad der Klarheit, welcher daraus entsteht, wenn sie in sehr bestimmten Fällen und häufig angewandt wird. Dieß ist gerade der Fall mit den Endungen der griechischen Verborum ίω, όω, εύω, ύνω, αίνω, σκω. Nimmt man nun dazu, daß die Wörter, deren wir uns bedienen, um den Begriff dieser Ableitungssilben auszudrücken, selbst nicht sehr klar sind, so bleibt in Ansehung der Deutlichkeit freilich immer ein kleiner Unterschied, aber nicht so groß, als man ihn nach der blosen Theorie vermuthen sollte. Denn wir finden die Ableitungstungssilben größtentheils bei solchen Begriffen angewandt, welche auch durch ein ganzes Wort nicht zur völligen Deutlichkeit gebracht werden können. Wer kann wohl in den Redensarten: ich bin glücklich, ich werde glücklich, ich mache glücklich, sich das seyn, werden, machen ganz deutlich denken? Wenigstens ist gewiß in Ansehung der Klarheit εὐδαιμονεῖν und εὐδαίμονα εἶναι, δουλεύειν und δῦλον εἶναι, δυλῶσαι τινα und δῦλον ποιεῖν τινα kein grosser Unterschied.

Eben dieß gilt von den Biegungssilben der Conjugation. Wenn man durch langen Gebrauch einmal erst mit ihnen den Begriff der verschiedenen Zeiten verband, so waren sie ihnen wol nicht viel dunkler, als uns unsre Hülfswörter. Denn daß: haben, mit dem Participio verbunden, die Vergangenheit bezeichnet, werden, mit dem Infinitiv, die Zukunft, und

mit

mit dem Participio Präteriti die gegenwärtige Zeit der leidenden Form, liegt doch gewiß nicht in dem Wesen und der ersten Bedeutung dieser Wörter, sondern die lange Uebung hat uns erst gelehrt, diese Begriffe damit zu verknüpfen. Wer solte es den Wörtern haben und werden ihrer ersten oder auch gewöhnlichen Bedeutung noch wol ansehen, daß sie bequem seyn, die Vergangenheit und Zukunft auszudrücken? oder wer findet nicht, daß diese Begriffe immer noch sehr dunkel dadurch ausgedrücket werden? Daher glaube ich wenigstens, daß in den wenig zusammengesezten Fällen den Römern ihr amavi, amabo, amor, und den Griechen ihr $\mathit{\mathring{\eta}\gamma\acute{\alpha}\pi\eta\sigma\alpha, \mathring{\alpha}\gamma\alpha\pi\acute{\eta}\sigma\omega, \mathring{\alpha}\gamma\alpha\pi\tilde{\omega}\mu\alpha\iota,}$ um nichts oder um ein geringes dunkler gewesen sey, als unser ich habe geliebt, ich werde lieben, ich werde geliebt. Denn sonst müste man auch behaupten, daß es viel deutlicher seyn würde, wenn man im Deutschen, statt:

ich liebe, ich liebte, ganz nach hebräischer Art sagte: ich bin liebend, ich war liebend, worin doch wahrscheinlich niemand einen grossen Unterschied spüren wird. In den Fällen hingegen, wo die Begriffe zu sehr gehäuft werden, wie im Medio der Griechen, gebe ich gern zu, daß da das Wort viel dunkler seyn müste, als unsre Umschreibung, besonders da diese mit sehr klaren Wörtern geschieht. Dabei ist zu bemerken, daß die umschreibende Conjugation den Griechen und Römern auch nicht ganz unbekannt war, sondern sie sich ihrer häufig, oft blos zur Abwechselung bedienen.

In Ansehung des Gebrauchs der Präpositionen, statt der blosen Biegungslaute der Declination, behält das Deutsche an Klarheit immer viel vor den beiden ältern Sprachen, besonders vor dem Lateinischen voraus. Im Griechischen hat man aber oft das Verhältniß, welches durch sie ausgedrückt wird, klärer empfunden,

pfunden, befonderß wenn eine Zweibeutigkeit aus dem blofen Gebrauch des Cafus zu beforgen war, und sich alfo der Präpofitionen häufig bedient. So fagt Diodor vom Sic. ὁ φόβος ἀπὸ τῆς Ῥώμης, die Furcht vor Rom; denn ὁ φόβος τῆς Ῥώμης, konnte auch die Furcht Roms heiffen. Hingegen fagten fie ὁ φόβος τῆς τιμωρίας, und glaubten das ἀπὸ nicht hinzufezen zu dürfen, weil sich die Strafe nicht fürchten kann. Eben fo fagt man auch: λαμβάνειν τινα ἐκ oder: ἀπὸ γούνων, φιλεῖν τινα ἀρετῆς ἕνεκα; τὸ αὐτὸ πάσχειν σὺν τῷ Ικάρῳ; ἡ παρὰ τῶν θεῶν εἰς τȣ̀ς ἀνθρώπȣς προνοια; ἡ ἐκ τῆς ἀβȣλείας συμφορὰ, und fo in mehrern Fällen, wo felbft wir Deutfchen nicht einmal eine Präpofition fezen. Wer aber alles, wo eine folche Präpofition fehlt, durch Ellipfen erklärt,

erklärt, schiebt den Alten unsre klärern Begriffe unter, und kennt den Geist der alten Sprachen wenig.

Durch die bestimmte feste Wortfolge gewinnen wir Deutschen offenbar viel an Klarheit. Aber die grosse Freiheit der Alten in Versezungen erlaubte ihnen doch nicht, ganz dunkel zu werden, auch sie hatten ihre Grenzen. Der gute Schriftsteller mußte sich an die schon gewöhnlichen Versezungen halten, und durfte blos des Wolklangs wegen nicht leicht neue wagen. Daher giebt Cicero in seinem Orator dem guten Redner, der auch auf den Numerus sieht den Rath: ne verba traiiciamus aperte, quo melius aut cadat aut volvatur oratio: und kurz darauf: ne verbum ita traiiciat, ut id de industria factum intelligatur. Wirklich waren auch manche Wörter und Wendungen bei ihnen so unveränderlich, ihrer Stelle nach, als bei

uns

uns der größte Theil nur immer seyn kann. Wie viele Partikeln müssen nicht nothwendig zu Anfang eines Sazes stehen, wie viele nach einem oder einigen Wörtern der Periode — wie nam, itaque; enim. Eben so mußte das quisque bei Ordnungszahlen, bei suus, bei dem superlativo immer hintenan stehen, wie *optimus quisque*, maxime gloria ducitur; Panathenaea *quinto quovis* anno celebrabantur; Quid dulcius hominum generi á natura datum est, quam *sui cuique* liberi? Das non stand vor seinem verbo, und dergleichen Fälle mehr, welche der Gebrauch einmal festgesezt hatte, oder an welches das Gehör so gewöhnt war, daß man nicht wol davon abgehen konnte.

Dieß, denke ich, muß man vor Augen haben, um auch hierin nichts zu übertreiben, und dahin muß auch vielleicht das eingeschränkt werden, was im Adelungischen Magazin für

die

die deutsche Sprache, Jahrg. 1. Stück 2. über diese Materien steht.

Dieß ist nun freilich eine Dunkelheit, welche kein römischer und griechischer Schriftsteller vermeiden konnte, weil sie in dem Wesen seiner Sprache lag, welches er nicht umschaffen konnte. Das Deutsche hat seiner wesentlichen Einrichtung nach, wichtige Vortheile in Ansehung der Klarheit. Aber deswegen folgt nun nicht, daß jeder Deutsche klärer schreibt, als die Alten — es konnten. Es giebt auch eine Dunkelheit des Schriftstellers, welche man nicht mit der Dunkelheit der Sprache verwechseln muß. Man würde sehr Unrecht thun, wenn man die Dunkelheit des Thucydides, welche durch das Zusammendrängen der Gedanken, durch die abgebrochenen Säze, die Parenthesen, die gehäuften Genitivos und Accusativos consequentiæ, durch die Verlassung der einmal angefangenen Construction entsteht, auf die

Rech-

Rechnung der griechischen Sprache schreiben wollte. Wie lichtvoll ist nicht der Vortrag des Cicero, Isokrates, Xenophon, und wie dunkel die Sprache vieler Deutschen! Aber freilich würden jene hellbenkenden Männer über ihre Schriften noch mehr Licht verbreitet haben, wenn sie die Vortheile der Klarheit, welche unsrer Sprache eigen sind, auch gehabt hätten. Ein Beispiel wie nahe der griechische Lehrdichter dem Deutschen an Klarheit kommen könne, mag eine Vergleichung Gellerts mit dem Hesiobus zeigen. Der Deutsche singt:

> Des Lasters Bahn ist anfangs zwar
> Ein breiter Weg auf Auen:
> Allein sein Fortgang bringt Gefahr,
> Sein Ende Nacht und Grauen.
> Der Tugend Weg ist anfangs steil
> Läßt nichts als Mühe blicken;
> Doch weiter fort führt er zum Heil
> Und endlich zum Entzücken.

Der Grieche:

Τὴν μὲν γὰρ κακότητα καὶ ἰλαδόνεςιν
ἑλεσθαι
Ρηϊδίως· λείη μὲν ὁδὸς, μάλα δ'ἐγγυθι
ναίει.
Τῆς δ'ἀρετῆς ἱδρῶτα θεοὶ προπάροιθεν
ἔθηκαν
Ἀθάνατοι· μακρὸς δὲ καὶ ὄρθιος οἶμος
ἐπ'αὐτὴν,
Καὶ τρηχὺς τὸ πρῶτον· ἐπὴν δ'εἰς ἄκρον
ἵκηται,
Ρηϊδίη δ'ἤπειτα πέλει, χαλεπή περ
ἐοῦσα.

Wer kann hier wol den Unterschied an Klarheit merken?

3. Wolklang.

Einen wichtigen Unterschied zwischen den verschiedenen Sprachen macht der größere oder geringere Wolklang, vermöge dessen die Theile derselben

derſelben mehr oder weniger angenehm durch das Gehör empfunden werden. Man könnte auf den erſten Anblick glauben, daß dieß kein Haupterforderniß zu einer gebildeten Sprache ſey, und daß ſie bei den übrigen weſentlichen Eigenſchaften, bei einem hinlänglichen Reich=thum an Wörtern, bei genugſamer Biegſam=keit, bei hinlänglicher Beſtimmtheit in Aus=drücken und deren Verbindungen untereinander, des Wolklanges wol entbehren könnte. Es iſt wahr, eine Sprache, deren einziger Vorzug der Wolklang wäre, würde immer jenen Spra=chen weit nachzuſezen ſeyn, welche bei minde=rer Anmuth den Hauptendzweck des Redenden beſſer erfüllten. Aber immer bleibt es ein wichtiger Vorzug einer Sprache, wenn ſie nicht nur deutlich ſich auszudrücken vermag, ſondern auch auf das Ohr des Zuhörers durch ihren harmoniſchen Ton angenehme Eindrücke zu wirken im Stande iſt. Das Sanfte und

Y   Harmo=

Harmonische einer Musik erregt schon angenehme Empfindungen und Leidenschaften, Dissonanzen hingegen machen einen widrigen Eindruck. Sprache ist doch einmal hörbarer Ausdruck der Gedanken. Wird also nicht natürlich die Sprache, welche ausser den Begriffen, welche sie unsrer Seele mittheilt, auch angenehm auf unsern Gehörsinn wirkt, dem Emporkommen der Empfindungen, welche die Sprache gerade itzt bewirken will, behülflich seyn, und hingegen nicht die widrigen Töne einer rauchen Sprache die Wirkungen der erregten Begriffe schwächen? Welch einen verschiedenen Eindruck macht nicht dieselbe Sache und dieselbe Rede, je nachdem sie hergesagt wird! Aber auch der geschickteste Deklamator kann die vielen rauhen Töne, die er findet, nicht wegschaffen; je weniger deren sind, desto grössern Eindruck muß er machen. Der Philosoph wird uns durch eine gefällige Einkleidung bung seiner Gedanken die Mühe des Nachdenkens und der ernsthaften Untersuchung halb vergessen lassen; der Redner wird den Zuhörer durch den harmonischen Ton seiner Sprache für sich einnehmen, und dadurch auch für seine Sache gewinnen; und der Dichter wird uns durch die seinem Gegenstand angemessene Abwechselung der Töne hinreissen.

Wolklang ist ein relativer Begriff. Es kömmt auf die Beschaffenheit des Werkzeuges, durch welches er empfunden wird, an, ob etwas für wohlklingend oder hart und rauh gehalten wird. Dieselbe Musik macht auf das Gehör eines gemischten Haufens einen ganz verschiedenen Eindruck. Sie kann dem Theil von gröbern Empfindungen angenehm und harmonisch scheinen, indes das feinere Gehör des Kenners sie als rauh und widrig tadelt. So auch mit den Sprachen. Die wohlklingenste deutsche Rede kann dem Franzosen hart seyn und

und das fliessendste Französische wird der Italiäner noch für rauh halten. Daher hat der Wolklang in jeder Sprache seine Grenzen, je nachdem die Empfindungen des Volkes, welches sie redet, verfeinert sind. Auch die Verschiedenheit der Zeiten macht bei derselben Sprache einen grossen Unterschied. So lange eine Nation noch roh und ungebildet ist, trägt auch ihre Sprache merkliche Spuren davon an sich. Je mehr sie selbst und ihre Empfindungen mit dem Fortgang der Zeit sich verfeinern, desto mehr entledigt sie sich eines grossen Theils der harten Töne und solcher Verbindungen derselben, welche auf das Gehör einen unangenehmen Eindruck machen. Je wolklingender also eine Sprache ist, desto gebildeter mus sie selbst seyn, desto feiner die Empfindungen des Volks, das sich ihrer bedient: Wolklang ist daher allerdings eine Vollkommenheit einer Sprache, welche unser Urtheil über den höhern

oder

oder geringern Grad der Cultur derselben zum Theil mit bestimmen muß.

Wenn wir aber eine Vergleichung des Lateinischen und Griechischen mit dem Deutschen in Ansehung des Wohlklanges anstellen sollen, so hat dieß Schwierigkeiten, welche so unüberwindlich sind, daß es nie in einiger Vollkommenheit geschehen kann. Denn uns fehlt izt der dazu erforderliche Maaßstab, das Gehör. Jene Sprachen sind ausgestorben, und dadurch der natürliche Reiz, den das Volk der Sprache, welche es redet, durch die Aussprache mittheilt, für uns verlohren. Wir leihen izt den todten Wörterzeichen die Töne, welche sie in unsrer Muttersprache haben, ob wir gleich in manchen Fällen gewiß wissen, daß es unrecht ist, und von manchen andern es mit einer Wahrscheinlichkeit, die an Gewißheit grenzt, vermuthen können. Indessen bleiben jene Sprachen selbst bei unsrer Aussprache oft noch

sehr

sehr wohlklingend; und da die Harmonie derselben, besonders des Griechischen, von jeher so viele Bewunderer und Lobredner gefunden hat, hingegen unsre Sprache wegen ihrer Rauhigkeit beinahe verschrieen ist, so ist es immer der Mühe werth, so weit wir nachkommen können, den Ursachen nachzuspüren, welche jene Sprachen so wohlklingend machten und die Deutsche in den übeln Ruf der Rauhigkeit gebracht haben.

Da die Wörter und Silben aus Buchstaben bestehen, so liegt schon der erste Grund der mehrern oder mindern Rauhigkeit in diesen Bestandtheilen derselben. Bei den Vokalen dürfen wir uns wenig aufhalten. Denn obgleich die Zeichen der Vokale in den drei Sprachen an Menge verschieden sind, so kann man doch nicht mit Sicherheit schliessen, daß auch der Vokaltöne bei einem Volk mehr, als bei dem andern gewesen sind. Manches Volk drückt die

die verschiedenen Nüanzen der Vokaltöne durch mehrere Zeichen aus, manches durch wenigere. Die Araber haben bekanntlich nur drei Vokalzeichen, ob man gleich selbst aus Reisebeschreibungen sieht, daß sie im Reden eben so viele Vokale haben, als andre Sprachen, welche sich mehrerer Zeichen bedienen. Sollte in Ansehung der Vokale jenen beiden alten Sprachen ein Vorzug vor dem Deutschen eingeräumt werden, so wäre es vielleicht der häufigere Gebrauch einiger helltönender Hilfslaute, des O, A, U, Au, welches der Sprache etwas feierliches giebt, so wie die Griechen selbst vom Dorischen Dialect, wo das A und O noch viel häufiger, als bei den übrigen Griechen, waren, sagten, er habe σεμνόν τι. Auch die mannigfaltige Abwechselung mit den Vokalen giebt ihnen den Vorzug. Denn unsre Sprache scheint mit zu vielem E und I überladen zu seyn, und ihr einförmiger Gebrauch sie zu mo-
noto-

notonisch zu machen. Wie viele Wörter z.B. endigen sich nicht auf en? Von dem Verbis alle Infinitive, herrschen, gehen, stehen u. s. w. und eben so manche Nennwörter fast in allen Casibus, wie von Mensch, des Menschen, dem Menschen u. s. w. Diese Einförmigkeit vermieden die beiden ältern Sprachen, besonders das Griechische glücklich durch eine gröſsere Abwechselung der Vokale, wie man sich davon durch Lesung einiger Perioden aus irgend einem griechischen Schriftsteller hinlänglich überzeugen kann.

Gröſsern Einfluſs auf den Wolklang einer Sprache haben indessen unstreitig wol die Consonanten. Ein gewisser Reichthum an Consonanten giebt einer Sprache mancherlei Vorzüge, obgleich der Wolklang hauptsächlich auf ihrer Verbindung unter einander beruhet. In diesem Stück möchte wol die lateinische Sprache als die ärmste erscheinen. Mit dem Griechi-

schen

schen verglichen fehlt ihr das ϑ, χ, φ, ζ, σχ, und sie sezen th, ch, ph, z, sch nie anders als in ächt griechischen und daherstammenden Wörtern, wie schola, philosophus u. s. w. Man könnte hier vielleicht denken, sie hatten doch also auch die Töne dieser Consonanten. Aber daran läßt sich sehr zweifeln. Schrieben sie gleich so, um den Ursprung der Wörter kenntlich zu machen, so ist noch keine Folge, daß sie diese Wörter wie ächte Griechen ausgesprochen haben, eben so wenig, als wir, wenn wir Theologie, Anthropologie, schreiben, deswegen auch das th wie das Griechische ϑ aussprechen, oder um ein Beispiel von lebenden Sprachen zu nehmen, wenn wir englische Namen z. B. Lowth schreiben, deswegen auch das th wie ächte Engländer aussprechen. Aber gesezt sie sprachen auch wirklich in diesen Wörtern diese Consonanten wie wirkliche Griechen aus, so war dadurch noch nicht der Mangel ersezt.

erſezt. Dieſe Töne waren doch nicht einheimiſch und der Sprache natürlich, ſie kamen nur in dieſen ausländiſchen Wörtern und zu ſelten vor, als daß ſie auf die Mannigfaltigkeit der Ausſprache in Anſehung der Conſonanten einen merklichen Einfluß hätten haben ſollen. Indeſſen will ich gern zugeben daß das f bisweilen die Stelle des griechiſchen φ vertrat. Die übrigen vier Conſonanten hatte das Griechiſche voraus, ſo wie vor dem Deutſchen das ζ und ϑ. Man muß nemlich nicht glauben, daß dieſe Buchſtaben vor Zeiten ſo ausgeſprochen worden ſind, wie man ſie mehrentheils izt auszuſprechen pflegt, ζ wie unſer deutſches Z, und ϑ wie ein ſchlechtes T. Vielmehr zeigen mancherlei Erſcheinungen, das ζ beinahe den Ton des franzöſiſchen Z müſſe gehabt haben, und ſchon daß es ein Doppelbuchſtabe, für $\delta\sigma$ oder wol gar $\tau\sigma$ ſey, iſt eine unrichtige Vorausſezung. *)

Der

---

*) Die Gründe dafür, daß es gerade umgekehrt für $\sigma\delta$ geſezt werde, ſind hinlänglich in Simonis

Der Ton unsers harten Z muß dem griechischen Gehör ganz unausstehlich gewesen seyn; denn man findet ihn nicht in der ganzen Sprache; Selbst wenn die Arten von T, das δ, τ, ϑ vor dem σ durch Ableitung oder Biegung zu stehen kommen, welche ohngefehr diesen Ton verursachen würden, werfen sie sie lieber ganz weg. Eben so ist das ϑ nicht der Buchstab, welchen wir bei unsrer gewöhnlichen Aussprache, wie ein schlechtes T hören, sondern ohngefehr das englische th, wie es auch noch die heutigen Griechen aussprechen, und wie es die Schreibart der ältern in ausländischen Wörtern beweiset. Das arabische ﺙ. geben sie durch Θ. Z. B. Abulpharagius schreibt Agathodämon

introductio in linguam græcam, p. 63. und auch in Wellers Grammatik S. 18. angeführt. Auch schreiben ja die Dorier μελίσδω, συρίσϑω für μελίζω, συρίζω.

mon S. 10. ܒܘܠܘܓܢ und S. 6. Theode‒
sius ܬܘܕܘܣ. Umgekehrt schrieben auch die
Griechen das arabische ث mit dem Θ, wie
Diodorus das arabische Volk ܬܡܘܕ
Θαμυδηνες. In diesen beiden Tönen haben
also die Griechen vor den Deutschen den Vor‒
zug. Denn obgleich wir unser S auf ver‒
schiedene Weise auszusprechen im Stande sind,
so ist das feine Zischen des französischen Z,
oder des griechischen ζ in unsrer Muttersprache
nicht einheimisch. In Seele klingt das S
sanft, aber es ist doch nicht ganz das S in
dem französischen le Zêle. Von dem englischen
th aber, welches mit dem Griechischen Θ über‒
einkömmt, ist es bekannt, wie schwer es der
deutschen, sonst so geübten Zunge, wird.

Man könnte noch das ξ und ψ als den
Griechen eigenthümliche Buchstaben ansehen,
aber den Ton dieser Buchstaben haben wir auch
in

in einheimischen Wörtern durch die Zusammenkunft des cs, chs, ps, bs; wenn wir es gleich nicht durch x ausdrücken, z. B. Krebs, Ochs, Wachs, des Brocks, u. s. w. *)

Nur

*) Im Grunde sind ξ und ψ keine Bezeichnungen besonderer Töne, sondern sind Abkürzungsbuchstaben und gehören zur griechischen Schrift und Orthographie. Weil $\pi\sigma$, $\beta\sigma$, $\phi\sigma$, in der Aussprache fast einerlei Ton hatte, so wählte man auch ein und dasselbe Zeichen dafür, das ψ und eben so für $\kappa\sigma$, $\gamma\sigma$, $\chi\sigma$ das ξ. Man verfuhr also dabei nach der Regel, welche man itzt gern zur allgemeinen Regel der Rechtschreibung hat machen wollen: Schreib, wie du sprichst. So wären also die Griechen schon Vorgänger, wenn es sich jemand einmal einfallen liesse, das Wax, der Lax, der Ox zu schreiben. Ob aber die Griechen durch die Einführung ihrer Doppelbuchstaben, und die Römer durch das x, ihrer Sprache oder vielmehr ihrer Schrift und Orthographie einen Vortheil zu Wege gebracht haben, ist wol sehr zu zweifeln. Gewiß hätte man besser gethan, wenn man einen Zusammengesetzten Laut auch, wie es in den ältesten Zeiten war, mit einem zusam-

Nur zu Anfang des Worts, wie der Grieche sie in ξένος, ψεῦδος hat, sind diese Töne in ursprünglich deutschen Wörtern nicht, und hier ist also wieder ein kleiner Vorzug des Griechischen.

mengesezten Zeichen geschrieben hätte, so wie es im Deutschen besser gewesen wäre, wenn wir für die einfachen Laute ch, Sch auch einfache Zeichen gewählt, als daß wir diese Zeichen den Lateinern abgeborgt hätten, welche mit dem sch wenigstens wahrscheinlich auch einen Zusammengesezten Laut verbanden. Die Abstammung des Worts wäre viel sichtbarer geblieben, wenn sich die Griechen die Mühe nicht hätten verdriessen lassen, statt eines Doppelbuchstaben zwei einfache zu malen. Auch für den, der die Sprache lernen soll, würde dieß Erleichterung gewesen seyn. Hätten sie nemlich, wie es die ursprüngliche Art zu schreiben mit sich brachte, immer κήρυκς, ἄγς, βήχς, γύπς, φλέβς, βλέπσω, ῥάφσω, λεγσω, πλέκσω, und die Römer pacs, regs geschrieben, so würde man beim ersten Anblick dieser Nominum wissen, wie die übrigen Casus lauten müsten, und bei den Verbis nie wegen des Stammworts zweifelhaft seyn.

schen. Auch durch den Vorrath von Nasenlau-
tern, welchen diese Sprache gehabt zu haben
scheint, wurde die Mannigfaltigkeit ihrer Töne
vermehrt. Es scheint nemlich, als wenn sie
das ν, so bald es unmittelbar vor einem Gau-
menbuchstab zu stehen kam, stark durch die
Nase sprachen. Einigermassen geschieht dieß
fast in allen Sprachen, so wie wir auch die
deutschen Wörter enge, bange, denken nicht
deutlich in ihre Silben, en-ge ban-ge denken, bei der Außsprache zertheilen, sondern bei
dem N schon das folgende G mit tönen lassen.
Aber dieß geschieht nicht so stark, als andre
europäische Völker z. B. die Franzosen vin, singe
durch die Nase sprechen und darin eine besondre
Anmuth finden, welche wir nicht recht schäzen
und schwer nachahmen können. So ohngefehr
scheinen auch die Griechen συγχέω, ἐγγύη.
ἐγκέφαλος, σωγξυίζα ausgesprochen zu
haben, das also das ν nicht mehr deutlich zu
hören

hören war. Daraus läßt sich auch die Schreibart erklären, warum sie das υ vor dem χ, κ, ξ und ζ immer in ein γ verwandelten. In alten Zeiten schrieben sie es immer wirklich, wie noch auf Münzen z. B. Ανκύρα, Ανχιαλέων gefunden wird. Aber diese Aussprache leitete sie auf diese Schreibart, um diese jener so entsprechend als möglich zu machen.

Auſſer dem ζ (oder franzöſiſchen Z) dem ϑ (oder engliſchen th.) dem ξ und ψ zu Anfang der Wörter, und dieſen Naſenlautern, hat das Deutſche mit dem Griechiſchen alle Conſonanten gemein, und alſo auch mit ihnen dieſelben Buchſtaben vor dem Lateiniſchen voraus, nemlich das φ und χ in unſerm ph und ch. Sind gleich die Zeichen dieſer Töne zuſammengeſezt, ſo iſt doch ihr Laut einfach, wenigſtens gewiß des leztern. Das ph iſt gewiß im Deutſchen einheimiſch, weil es ſich in urſprünglich deutſchen

ſchen Wörtern, z. E. Pferd, Rumpf, ſtampfen, knüpfen, findet. Das Ch iſt ihm ſogar beinahe ausſchlieſſend eigenthümlich, da es ſich in keiner lebenden europäiſchen Sprache findet; und dieß hat ihr zum Theil den Vorwurf der Rauhigkeit von ihren europäiſchen Schweſtern zugezogen. Denn der Franzoſe ſowol, als der Italiäner, der Spanier als der Engländer, und ſelbſt die mit den Deutſchen verwandten Nationen ſprechen nicht ich, mich, dich, ſondern ick, mick, dick. In Aſien iſt dieſer Ton noch izt zu Hauſe. Das arabiſche ﺡ iſt unſerm Ch ſehr ähnlich.

Das Deutſche hingegen hat ſein Z, Sch, und Jod, welche dem Griechiſchen und Lateiniſchen fehlen. Vom Z iſt ſchon vorhin erinnert, daß die Griechen es nicht hatten; denn ſie muſten ſich begnügen das demſelben gleichlautende hebräiſche ז und arabiſche ﺯ durch

Z . Σ

Σ auszudrücken z. B. ציון Σιών. Vom Sch aber könnte man in Versuchung kommen, zu glauben, daß es mit ihrem σχ übereinstimme. Aber auch hier zeigen die Ueberbleibsel der Orthographie ausländischer Wörter, daß σχ ein andern Ton als unser zischendes Sch gehabt haben müsse. Dem das Hebr. שׁ oder arab. ش welches ganz unser Sch ist, schreiben sie nicht mit σχ, sondern mit dem schlechten Σ Es scheint also daß ihr σχ, wie es ein zusammengeseztes Zeichen ist, auch einen zusammengesezten Laut gehabt habe und also das σ vom χ in der Außsprache deutlich getrennt worden sey, wie es selbst bei unserm Sch in einigen deutschen Provinzen z. E. Westphalen geschieht, wo man s=chöne westpälis=che S=chinken hat.

Izt frägt sich, welche Sprache wird in Ansehung dieser Bestandtheile der Silben und

Wör=

Wörter die vollkommenste seyn? Die, welche alle harten zischenden Töne verbannt, und also mit wenigen Grundbuchstaben zufrieden sanft und harmonisch daher fließt? oder die, welche durch ihre Töne alle Sprachorgane in Bewegung sezt? Soll man die Vollkommenheit nach dem leichtern, mildern Laut, oder nach dem Reichthum und der Mannigfaltigkeit der Töne beurtheilen? Wäre das erste, so gebührte dem Lateinischen der Vorzug, weil es kein rauhes Φ und χ, kein hartes ξ, kein schmetterndes Z. und kein zischendes Sch kennt. Das griechische würde dann noch wegen des Mangels des Z und Sch, dem Deutschen vorzuziehen seyn. Aber ist denn der weiche Ton der einzige, welcher der Sprache einen angenehmen Klang mittheilt? Trägt nicht auch die Mannigfaltigkeit, Verschiedenheit und Abwechselung der Töne, selbst der rauhern mit den weichern, zum Wolklang der Sprache vieles bei? bleß wird

wird mir hoffentlich jeder zugestehen; und wenn dieß ist, so haben das Griechische und Deutsche, beides auf eigne Weise auch in Ansehung der Bestandtheile, die zum Wolklang erfordert werden, einen Vorzug vor dem Lateinischen. Dazu kömmt noch, daß diese Mannigfaltigkeit der Töne und besonders die harten Buchstaben, alle Sprachorgane üben, und dadurch das Volk geschickt machen, auch Töne fremder Völker leicht nachzusprechen. Daher kömmt auch die eigenthümliche Fähigkeit der Deutschen, fremde Sprachen vollkommen aussprechen, und selbst fast alle fremden Töne, richtig mit deuschen Charakteren im Schreiben ausdrüken zu können. Auch in der männlichen und starken Sprache kann selbst einige Rauheit der Wörter und Töne von guter Wirkung seyn.

Also die wenigen rauhklingenden Consonanten an sich, würden in einer Sprache noch
nicht

nicht zu tadeln zu seyn, auch sie deswegen noch nicht zu einer rauhen Sprache machen. Denn die hauchenden Töne, das Z, das Sch, sind doch immer nur wenige, im Verhältnis mit den übrigen weichern Buchstaben. Verhältnismässig gebraucht, können sie mehr vortheilhaft, als nachtheilig, selbst für den Wolklang seyn, wenn das Ohr nicht gar zu verwöhnt ist. Nur der zu häufige Gebrauch dieser harten Buchstaben und die unproportionirte Häufung der Consonanten machen eine Sprache wirklich rauh und dem Ohr unangenehm. Es kömmt also bei Beurtheilung des grössern oder geringern Wolklanges einer Sprache nicht so wol auf die Consonanten selbst, als auf die Art und Weise an, wie sie mit den Vokalen und untereinander selbst verbunden werden. Dieß ist also das Nächste, worauf wir Rücksicht zu nehmen haben.

Um

Um einer Sprache den gehörigen Wohlklang zu verschaffen muß sie in ihren Wörtern eine verhältnismäßige Menge von Vokalen und Consonanten besizen. Hat sie zu viele Vokale, so wird sie weichlich und zur männlichen Beredsamkeit ungeschickt. Daher urtheilen Kenner, wie Voltaire und Rammler vom Italiänischen, daß es zu weich und nur für eine weibliche Musik sey. Eben die vielen Vokale zwingt diese Sprache, sie so oft auszustossen, um nur die zu häufigen Hiatus zu vermeiden, und welche dem ohngeachtet oft unvermeidlich sind. Hat eine Sprache zu viele Consonanten, so wird sie zu hart, und erfüllt das Ohr mit rauhen widrigen Tönen, und giebt daher nicht die angenehme Unterhaltung, welche den Zuhörer für den Redenden einnimmt und für die Sache gewinnt. Eine gehörige Mischung von Vokalen und Consonanten wird also der Sprache Anmuth und Wohlklang leihen. Allein
dieß

dieß vortheilhafte Verhältniß findet sich in keiner Sprache bei ihrem ersten Anfang. Denn
dann wird sie von ungebildeten Menschen gebildet und kann selbst nicht anders seyn; obgleich auch schon bei der ersten Anlage der
verschiedenen Sprachen, die feinere Empfindung der Nationen, welche sie redeten, Einfluß darauf hatten. Im Ganzen aber findet
sich in allen Sprachen ursprünglich mehr oder
weniger eine gewisse unangenehme Häufung
von Consonanten. Dieß war im Deutschen besonders stark; und ob es gleich viele Wörter
durch die Wegwerfung harter Buchstaben, durch
das Einschieben und Anhängen des Vokals E,
durch eine sanftere Aussprache gemildert hat,
so sind doch selbst diese Mittel der Milderung
an sich zu wenig und noch sparsamer angewandt.
Sie hat daher auch noch eine Menge wegen
häufiger Consonanten hart klingender Wörter
und behält, in Vergleichung mit andern wei-

chern

chern Sprachen, dadurch selbst izt noch immer viel Rauhes. Auch in den ältern Sprachen war ursprünglich in vielen Wörtern dieselbe Häufung von Consonanten, wovon selbst in den Zeiten ihrer höchsten Cultur noch einige Ueberbleibsel sich finden. Es giebt im Griechischen Wörter, welche den hartklingendsten Deutschen an Rauheit nichts nachgeben. Schmerz, Sprung, Sturz, Strumpf, Trozkopf und dergleichen Wörter, wo vier bis fünf Consonanten, gegen einen Vokal in eine Silbe gepreßt werden, hält man im Deutschen, und nicht mit Unrecht, für harte Wörter. Aber auch in dem, seines Wolklanges wegen, so berühmten Griechischen sind λύγξ, σφὶγξ, ϛρόγγυλος, ϛραγξ, und im Lat. crux, trux, es gewiß nicht minder. Auch sind sie vielleicht ihres Nuzens und selbst ihres Wolklanges wegen nicht ganz aus der Sprache zu verbannen. Sie thun dem Redner, nachdrücklich zu

reden,

reben, dem Dichter bei Beschreibung graußender Naturscenen oder schrecklicher Begebenheiten, um die Natur auch im Ton zu kopiren, vortrefliche Dienste. Nur dann können sie Fehler werden, wenn die Sprache damit zu sehr überladen ist. Und von diesem Vorwurf können wir unsre Muttersprache nicht freisprechen. Wenigstens hat das Griechische in Vergleichung mit ihr weit weniger. Man darf nur, um sich davon zu überzeugen, die Wörterbücher um Rath fragen, wo man die Zal der griechischen Wörter, welche sich mit $\sigma\pi\varrho$, $\sigma\tau\varrho$, ξ, ψ, anfangen, sehr von den Deutschen mit ähnlichen Anfangsbuchstaben, Spr, Str oder mit Z übertroffen sehen wird. Hat es auch gleich andre wirklich harte Verbindungen von Consonanten, welche wir selbst im Deutschen nicht finden, $\varkappa\tau$, $\sigma\pi\lambda$, $\sigma\varkappa\lambda$, $\sigma\varphi\varrho$, zu Anfang des Worts, wie $\varkappa\tau\varepsilon\grave{\iota}\varsigma$, $\varkappa\tau\tilde{\eta}\nu o\varsigma$, $\sigma\varkappa\lambda\eta\varrho\grave{o}\varsigma$, $\sigma\varkappa\lambda\eta\varphi\varrho\acute{o}\varsigma$; $\sigma\pi\lambda\grave{\eta}\nu$, $\sigma\pi\lambda\acute{\alpha}\gamma\chi\nu\alpha$, $\chi\varrho\acute{\iota}\mu\pi\tau\omega$, $\chi\varrho\iota\mu\varphi\vartheta\varepsilon\grave{\iota}\varsigma$;

so

so giebt es deren doch von jeder Gattung äuſ‒
ſerſt wenige, und es giebt dagegen auch ſanf‒
tere Verbindungen, wie σβ, σμ, σβέννυμι,
σμάραγος. Die Mannigfaltigkeit und Ab‒
wechſelung dieſer nimmt jenen Wörtern daher
ſchon vieles von ihrer Härte, dahingegen öf‒
tere Wiederholung derſelben harten Conſonanten
und der harten Verbindungen die Rauhigkeit
des Deutſchen bewirket. Im Lateiniſchen ſind
die harten Töne ct, ſcl zu Anfang auch nicht
einheimiſch, aber ſie haben dagegen das ſcr,
wie in ſcribo und es mangeln ihnen die ſanftere
Verbindungen von ſb und σμ.

Um aber die urſprünnglich rauhen Wörter
zu mildern, bediente man ſich im Griechiſchen
nicht bloß der Anhängung und Einrückung eines
Vokals, wie im Deutſchen, ſondern man ſchob
mehrere Arten von Vokalen zwiſchen ein, und
ſezte ſie ſelbſt den Wörtern vor, wovon ſchon
vorhin einige Beiſpiele gegeben ſind. Ueber das
hatte

hatte man mehr Mittel zur Vermeidung der häufigen Consonanten und wandte sie häufiger an, (und das nach festen Grundsäzen. Viele pfeifende Buchstaben liefen sie nicht zusammen kommen. Wörter, wie pfeifen, propfen, waren dem griechischen Ohr äusserst unangenehm. Daher sezten sie ihre hauchenden Buchstaben ($\varphi, \chi, \vartheta,$) nicht in zwei auf einander folgenden Silben, sondern, wenn auch die Sprachanalogie es eigentlich erfordert hätte, so opferten sie diese lieber dem Wollklang auf, und sprachen statt des erstern lieber den verwandten Buchstab ohne Hauch, (die verwandte tenuis) und also statt $\chi\epsilon\chi\rho\iota\kappa\alpha, \varphi\epsilon\varphi\rho\alpha\delta\mu\alpha\iota, \vartheta\epsilon\vartheta\alpha\upsilon\mu\alpha\kappa\alpha$ lieber $\kappa\acute{\epsilon}\chi\rho\iota\kappa\alpha, \pi\acute{\epsilon}\varphi\rho\alpha\delta\mu\alpha\iota, \tau\epsilon\vartheta\alpha\acute{\upsilon}\mu\alpha\kappa\alpha$. Beispiele vom Gegentheil, wie $\grave{\alpha}\varphi\acute{\epsilon}\vartheta\eta\nu, \grave{\alpha}\mu\varphi\iota\chi\upsilon\vartheta\tilde{\eta}\nu\alpha\iota$, sind äusserst selten. Manche Consonanten, welche an sich nicht rauh sind, bekommen durch ihre Verbindung unter ein-

einander einige Härte und auch bleß suchten sie auf mannigfaltige Weise zu vermeiden. So sind $\delta, \tau, \vartheta, \zeta$ und σ allein ausgesprochen nichts weniger als hart. Aber die erstern in Verbindung mit dem leztern, $\delta\varsigma, \tau\sigma, \vartheta\varsigma, \zeta\sigma,$ geben den unserm deutschen Z ähnlichen harten Ton. Daher werfen sie jene Buchstaben vor einem σ immer weg, wie schon vorhin erinnert worden. Eben so muß λ, μ, ν, ρ vor einem σ ihrem Gehör nicht angenehm gewesen seyn, wie denn wirklich Wörter, als Gans, Puls, Wamms, Mars, etwas hartes haben. Sie konnten zwar diese Buchstaben zusammen aussprechen, wie $\ddot{\alpha}\lambda\varsigma, \ddot{\epsilon}\pi\alpha\rho\sigma\iota\varsigma$, beweisen, aber sie thaten es doch selten, und, wie es scheint, ungern. Besonders das ν ließen sie in dem Fall häufig weg, wie in $\dot{\alpha}\gamma\tilde{\omega}\sigma\iota$ von $\dot{\alpha}\gamma\omega\nu$, in $\sigma\nu\varsigma\epsilon\lambda\lambda\omega, \sigma\nu\zeta\eta\tau\iota\omega, \dot{\alpha}\gamma\alpha\sigma\vartheta\epsilon\nu\dot{\eta}\varsigma, \kappa\alpha\lambda\chi\alpha\varsigma$ für $\sigma\dot{\nu}\nu\varsigma\epsilon\lambda\lambda\omega, \kappa\alpha\lambda\chi\alpha\nu\varsigma$. Selbst bei auslänländischen Wörtern konnten sie sich dessen nicht enthalten. So schreiben sie Hortensius, Ὁρ-τησιος, Pudens, πύδης. Daraus läßt es sich auch erklären, warum bei den sogenannten Verbis liquidatis nach dem λ, μ, ν, ρ, im Futuro 1. und im Aor. 1. nicht das gewöhnliche σ angenommen wird. In ältern Zeiten hatte man es im ionischen Dialekt. Homer spricht: ὦρσε, ἔλσαι (Il. A. 409.) ἐπικύρσας (Il. I. 23.). Aber diese Formen veralterten, weil sie dem Griechen unangenehm klangen. Eben dieß Bemühen, die Consonannten durch ihre Verbindung in der Aussprache sanfter zu machen, war die Ursache, weswegen sie das ν bisweilen in den darauf folgenden Consonanten verwandelten; und also ἐλλάμπω, συῤῥέω, σύσσιτος, παλίῤῥοος statt ἐνλάμπω u. s. w. sagten, oder es auch vor einem Lippenbuchstaben in μ, vor einem Gaumenbuchstaben in γ ver-

verwandelten und also ἐμβλέπω, συμπλέκω, ἐμμένω, ἐγγυὴ, εγκεφαλος συγξενος ſtatt ενβλέπω, ενγυὴ u. ſ. w. ſagten. Eben deswegen geſchieht es, daß, wenn zwei von den ſogenannten mutis unmittelbar zuſammenſtehen, ſie immer von gleicher Art ſind, nie aber eine heterogene Muta geſezt wird; alſo nicht ἐπδυμος, ὀκδόος, τέτυφται, ελέκθην, wie dieſe Wörter ihrer Ableitung nach eigentlich geſchrieben werden ſollten, ſondern ἑβδομος, ογδοος, τέτυπ]αι, ἐλέχθην. Wirklich folgten ſie hier der Natur, nach welcher es immer leichter iſt, zwei auf einanderfolgende Buchſtaben mit demſelben Organ auszuſprechen, als bei jedem Buchſtaben zu wechſeln. Daher finden wir dieſe Veränderungen, wenn gleich nicht ſo allgemein und feſt, als im Griechiſchen doch einigermaſſen in faſt allen Sprachen wieder.

Selbſt

Selbst im Deutschen wird das B vor einem T, wie in Geliebter, Abt, fast unmerklich in der Aussprache ein P, ob man es gleich nicht mit einem P schreibt. Im Lateinischen ist eben die Verwandelung dieser Buchstaben, wie scriptum, illustris, collega, irruo, imbellis. Und eben weil diese Aussprache so natürlich ist und die Analogie mehrerer Sprachen für sich hat, glaube ich, daß einige neuere Lateinische Sprachlehrer (z. B. Scheller S. 6 seiner kurzgefaßten lat. Sprachlehre) mit Unrecht scribtum, inlustris, conlega, inruo u. s. w. schreiben heissen. — So wie nun die Griechen Sichtbarkeit der Etymologie und Analogie dem Wollaut aufopfern, so vergeben sie selbst lieber der ihnen eigenthümlichen Kürze etwas, um nur keine unangenehme Verbindung von Consonanten zu haben. Man sollte eigentlich τετυφνται, ἐλέλεχυτο sagen, wie man τέτυνται und ἐτετυντο hat. Aber Φντ, χντ sind

zu

zu viel Consonanten. Man braucht daher diese Form nie, sondern wählt lieber die umschreibende τετυμένοι εἰσι, λελεγμένοι ἦσαν.

Auf der andern Seite hatten die Griechen mit einer Art von Uebelklang zu kämpfen, welcher aus der ersten Anlage ihrer Sprache entstand. Manche Wörter bestanden ihrem Grundstoff nach, aus Vokalen, welches im Lateinischen selten und im Deutschen niemals der Fall ist. Die Ableitungssilbe ist mehrentheils auch ein Vokal und die Biegungssilbe gleichfalls. Kam dieß alles zusammen, wie es nicht selten der Fall ist, so häuften sich die Vokale in einem Wort sehr. Die Sprache ward dadurch zum Theil mit Vokalen überladen und weichlich. So erscheint sie auch wirklich in ihrer ältesten Gestalt im Ionischen Dialekt. Ganze Wörter bestehen nicht nur aus Vokalen, wie ἐάω, ἔαει, sondern das zusam-

men-

menstoßen vieler Vokale in verschiedenen neben einander stehenden Wörter ist selbst im Homer noch häufig. Daher das so sichtbare Arbeiten, der Sprache den daraus entstehenden Uebelklang wegzuschaffen. Grossentheils geschah es beim Fortgang der Cultur schon durch die Contraction, auf welche die Griechen durch die Aussprache selbst geführt wurden. *) So wurde

schon

*) Daß man weit eher die Wörter contrahirt ausgesprochen habe, als man diese Aussprache auch im Schreiben ausdrückte, sieht man aus dem Homer, wo manche Wörter uncontrahirt geschrieben sind, aber nach der Contraction gelesen werden müssen, wenn der Vers seine Richtigkeit haben soll. So muß Il. A. 435, ἐφετμέων wie ἐφετμῶν, Il B. 4. πολέας wie πολεῖς, Il Δ 3. χρυσέοις wie χρυσοῖς ausgesprochen werden. Mehrere Beispiele blos aus dem ersten Buch der Iliade sind noch v. 1. 18. 403. 489. welches zeigt, wie häufig der Fall war. Ueberhaupt aber bekömmt niemand von der Contraction richtige Begriffe, wenn man nicht die Aussprache der

schon aus ἐάω, ἐῶ, aus ἐάεις ἐᾶς u. s. w. Bei dem Verbis, wo die Zusammenkunft von Vo-

Alten zum Grunde legt. Waren von zwei zusammenkommenden Vokalen η, ω, α, ι, υ, die ersten, so wurden sie wegen ihres hellen Tons deutlich gehört und die darauf folgende verschluckt. Da man sie also zuletzt nicht mehr aussprach, schrieb man sie auch nicht. Daher denn die Regel, daß die beiden lange Vokale und die Ancipites jeden Vokal, der auf ihnen folgt, in sich selbst zusammenziehen. Ueberhaupt müssen ο und ι sehr deutlich getönt haben. Denn sie gehen bei keiner Contraction verlohren, sondern das J bleibt wenigstens in dem untergeschriebenen Jota da. Kamen zwei kurze Vokale zusammen, so wurden sie im gemeinen Leben mit einem Stos der Lunge ausgesprochen, und also als ein langer Vokal gehört; sie musten also auch im Schreiben das Zeichen des langen Vokals bekommen. Beim Ε war dieß entweder das η oder der Diphthong ει; (wie z. B. in τυπεὶς, τυπεῖσα für τυπένς, τυπένσα ist, welches auch wahrscheinlich nicht tupeisa; sondern täpesa ausgesprochen wurde, wie auch die Römer das ει oft ausdrückten z. B. μυσεῖον muséum.) Beim Ο

Vokalen am häufigsten war, bediente man sich des Mittels, Consonanten vor der Endung einzu-

war es ω oder der Diphthong ου (z. B. im δί-δες, διδουσα für διδόνς, διδόντα) daher werden alle Wörter, in welchen sich ein ο befindet, entweder in ω oder in ε, im Fall beim ο ein Jota seyn sollte, in ῳ contrahirt. Daher erkläre man sich es, woher das εα und εε bald in η, bald in ει, zusammengezogen wird, warum ἔαρ, κέαρ – ἦρ, κῆς, hingegen ἀληθέες oder ἀληθέας – ἀληθεῖς wird. Die Aussprache des ει war höchst warscheinlich von dem η so verschieden nicht, wie sie uns nach der Erasmischen Aussprache scheint. Dieselben Wörter wurden oft nach der Contraction verschieden geschrieben: z. B. ἤδεε schreibt Homer ll B. 11. ᾔδη und nachher schrieb man allgemein ᾔδει. Warum ἐαι aber in η zusammengezogen wird, zeigt auch die Aussprache der Alten. Denn das αι hatte warscheinlich den Ton des ä. So schreiben die Römer αἱ Μῦσαι, Musæ, τρόπαιον, tropæum. Daß aber das ε in den darauf folgenden langen Vokal contrahirt wird, ist wieder sehr natürlich, weil

einzuschieben, besonders das ν oder σκ Statt φθίω, sagte man φθίνω, statt φθάω, φθανω, statt μαθέω, μανθάνω, statt ἐλάω, ἐλαύνω, statt γεράω, γεράσκω. Weil diese Zusammenkunft der Vokale nur im Präsenti und Imperfecto war, so fand auch hier nur die Einschiebung der Consonanten statt. Die Futura und davon abgeleitete Tempora hatten es nicht mehr nöthig und sie wurden daher schlecht weg vom Stammwort gebildet; daher φθίσω, φθάσω, μαθήσω, ἐλάσω, γεράσω u. s. w. Das häufige Zusammenstoßen der Vocali In verschiedenen Wörtern; oder den unangenehmen Hiatum zu verhindern, hatte man auch mehrere

der Ton sich auf dem langen Vokal länger verweilte, und daher der kurze in der Aussprache verlohren gieng. Die Griechen beobachten also auch hier in ihrer Orthographie das Gesetz, welches sie immer befolgten; Schreib, wie du sprichst.

rere Mittel. Manchen Wörtern hängte man ein σ an wie μέχρι, ἄχρι, πολλακι, manchen ein ν, wie εἶπεν ἐμοι, πᾶσιν εἶπε, ἔϛιν ἰδεῖν, εἴκοσιν ἄνδρες. Bei manchen warf man den lezten undeutlich tönenden Vokal des Worts (ε, ο, α, ι,) weg, wie ἀλλ' ἐγὼ, οὐδ' ἂν, ἐπ'ἐμοὶ, ἐσθ' ὅτε, ἀπάγω, ἐπαίρω, καταίρω. Durch die Anwendung dieser Mittel stellte sie dann das Ebenmaas zwischen Vokalen und Consonanten her, so daß durch die gehörige Abwechslung derselben untereinander die Sprache weder zu hart noch zu weichlich wurde. Den übrigen Arten des Mißklanges, Gleichklang, Eintönigkeit und der Härte, welche aus der Zusammenkunft vieler einsilbigen Wörter, von welchen das Deutsche einen grossen Vorrath hat, entstehen, und welche im Deutschen nicht ganz leicht zu vermeiden sind, konnten Römer sowol als Griechen,

chen, wegen der grossen Freiheit in Versezungen der Wörter, welche ihnen ihre Sprache erlaubte, sehr viel leichter ausweichen. Eine kleine Versezung hob oft den ganzen Uebelklang, und gab der Rede Anmuth und Gefälligkeit. Wie viel hierauf ankam, das wußte Isokrates wol, dessen grosses Kunststück, seine Reden wolklingend zu machen, zum Theil in der Stellung der Wörter bestand, indem er zu verhüten wuste, daß die zu viele Consonanten oder Vokale zusammentrafen. Man hat daher bemerkt, daß in seinen Reden ganze Perioden, ja oft mehrere hintereinander, so künstlich gebaut sind, daß immer je ein Vokal und Consonant abwechseln. Seine Reden erhielten auch den allgemeinen Ruf des wolklingendsten Griechischen, so daß man ihn nachher in diesem Stück zum Muster nahm, nur das man — welches nur zu oft beim Nachahmen geschieht — das Wesentliche häufig über dem minder Nothwendigen

digen vergas, und blos auf schöne Wortstel=
lung, auf angenenehme Verbindung und Mi=
schung der Consonanten und Vokale sah. Eben
so lobt auch Dionysius von Halikarnaß die
Gedichte der Sappho besonders wegen ihres
harmonischen Klanges und der angenehmen Ver=
bindung der Buchstaben.

Ungern habe ich mich bis izt bei so vielen
Kleinigkeiten, welche vielleicht die Gedult des
Lesers nur zu sehr ermüden, aufgehalten.
Aber wie ist es anders möglich, sich von dem
Wollaut einer ausgestorbenen Sprache, wo un=
ser Gehör nicht mehr Richter seyn kann, auch
nur einigen Begriff zu machen, als daß man
bis auf die Ursachen zurückgeht, welche den
Wolklang haben bewirken können. Selbst bei
noch lebenden Sprachen würde man es nicht
vermeiden können, so ins Kleine und Einzelne
zu gehen, wenn man bei dem Urtheil, ob
eine

eine Sprache wollklingender sey, als die andre, nicht in leeres Geschwäz verfallen wollte. Wollte der Franzose, der sich seiner wollklin=genden Sprache rühmt, sich auf sein Gehör berufen, so kann dieß mit demselben Recht auch der Deutsche, dem, nach dem bloßen Gehör zu urtheilen, seine Sprache, an welche er von Jugend auf gewöhnt ist, gewiß so sehr rauh nicht vorkommen wird. Und wer soll hier entscheiden? Man mache ihn aber nur aufmerk=sam, daß unser hartes Z dem Französischen fehle, daß unser Ch in keiner europäischen Sprache sich finde, daß unser Sch, wenn es gleich im Französischen (z. B. in ches) ist, doch immer einen Vokal hinter sich habe, und nicht, wie im Deutschen, mit einem Conso=nanten verbunden werden, und also Wörter wie, Schlag, Schranken, schwarz, und ähn=liche harte Verbindungen von Consonanten, Oh=ren, die nicht beständig daran gewöhnt sind,

sehr

sehr hart vorkommen müssen, so wird die
Vernunft ihm bald sagen, daß er das Deutsche wirklich für rauher-klingend halten
müsse, wenn gleich sein verwöhntes Gehör und
vielleicht etwas Partheilichkeit für seine Muttersprache ihn eines andern überreden möchten.
Freilich sehen wir izt auch bloß mit dem Verstand, daß das Griechische habe wohllautend
seyn müssen, wenigstens hat unser Gehör an
diesem Urtheil wenigen Antheil, seit dem sie
den Reiz verlohren hat, den ihr die blühende
Nation durch ihre Aussprache lieh. Es ist auch
sehr glaublich, daß die Töne, welche uns nach
unserer Aussprache auch im Griechischen noch
hart vorkommen, in dem Munde der Griechen
sehr gemildert worden sind. Ein Fall, der
fast bei allen lebenden Sprachen statt findet.
Wie unerträglich hart klingen nicht einige rau-
here deutsche Töne in dem Munde des Frem=
den, dessen Organe zum Aussprechen derselben

Aa 5 noch

noch nicht genug geübt und abgeschliffen sind. Das Polnische hat sehr viel gehäufte Consonanten; aber der feinere Pole weiß die Härte derselben durch die Außsprache so zu mildern, daß es in seinem Munde und noch mehr im Munde des wolerzogenen Frauenzimmers wirklich angehm klingt. Und selbst Deutschen, welchen die Nachahmung fremder Töne verhältnismäßig so leicht wird, geht es nicht anders, ehe wir eine fremde Sprache recht gefaßt haben. Vielleicht ist kein Deutscher, dem nicht das Englische, wie er es zu lernen anfieng, rauh und plump sollte geschienen haben, der aber im Fortgang viel Angenehmes und Feines auch in der Außsprache desselben gewahr geworden seyn sollte. Selbst das Deutsche ist in Deutschland in einigen Gegenden weniger rauh, als in andern. Der Sachse in der Gegend von Dresden, oder auch der Niedersachse, spricht es gewiß viel sanfter aus, als der Schwabe. Dieß

ist

ist ein deutliches Beispiel, wie die Aussprache dieselben Consonanten in derselben Verbindung rauher machen oder mildern kann. Wer kann es also beurtheilen, wie rauh oder weich jene Verbindungen von Buchstaben, welche uns hart scheinen, wie $\varkappa\tau$, $\sigma\varkappa\lambda$, $\phi\vartheta$, $\chi\vartheta$, in dem Munde des gebornen Griechen waren?

Wenn ich aber behaupte, daß das Griechische wegen der leichtern und natürlichern Verbindung der Consonanten und wegen ihrer verhältnismäſſigern Mischung mit Vokalen wolklingender habe seyn müſſen, als das Deutsche, so behaupte ich damit nicht, daß das Deutsche nicht unter der Meisterhand eine ähnliche Verbindung und Mischung erhalten, und dadurch von seiner eignen Härte viel verliehren könne. Aber es frägt sich ob dieß so leicht, als im Griechischen, angeht? ob die Sorgfalt, Consonanten mit Vokalen ebenmäſ-
fig

sig wechseln zu laſſen, nicht die Aufmerkſamkeit auf die Sache ſelbſt, und auf das Weſentliche zu ſehr ſchwächen würde; ob man nicht gezwungen würde, manches ausdrucksvolle, eigentliche, nur etwas rauhe Wort, zu verwerfen, um ein ſanfterklingendes an deſſen Stelle zu ſezen. Und welche ungeheure Mühe würde dieß bei ganzen Gedichten oder langen Reden ſeyn? Koſtete doch dem Iſokrates, der doch ſchon eine harmoniſchere Sprache unter Händen hatte, um nur ſeinem Meiſterſtück, dem Panegyrikus, die Vollkommenheit zu geben, welche alle nachfolgenden Redner daran bewundern, ganzer 13 Jahre, alſo mehr Zeit, als Alexander zur Bezwingung Aſiens gebrauchte. Und gewiß raubte die Sorgfalt für den Wohlklang, der er einen ſo groſſen Werth beilegte, ihm nicht den kleinſten Theil derſelben. Und wenn es auch irgend einem groſſen Mann, einem Mann von Genie und Geſchmack gelingt, in

einzel-

einzelnen Stellen diesen Wolklang der Stärke und Eigenthümlichkeit des Ausdrucks unbeschadet, zu erreichen, so bewahre ein guter Genius Deutschland vor den Nachahmern, welche sich dann eben so schön und geschmackvoll geschrieben und gedichtet zu haben dünken würden, wenn sie nur ihre Consonante und Vokale gut gezählt hätten. Ueber diesem Feilen würde bei den mehrsten die anscheinende Nachläßigkeit verlohren gehen, welche so sehr über das Ganze, Leben und Anmuth verbreitet. Sicher würde es uns noch schlimmer gehen, als den Griechen nach Jsokrates Zeit, wo ein grosser Theil der Redner über Numerus und Wolklang und Stellung der Wörter alles übrige vergasen. Diese ängstliche Sorgfalt würde, wenn sie allgemein wäre, im Deutschen Spielwerk werden, und wir würden in Gefahr seyn, für etwas Flittergold unser ächtes Metall wegzuschenken.

Noch

Noch einen wesentlichen Unterschied zwi­schen dem Deutschen und den beiden ältern Sprachen in Ansehung des Wohlklanges machet das Silbenmaaß. Schon in der Prose ist es nicht gleichgültig, wie lange und kurze Silben mit einander verbunden werden, sondern zu je­der wohlklingenden Rede wird eine angenehme Abwechselung derselben erfordert. Die Alten hatten für diese Art des Wohlklanges ein be­sonders feines Gefühl, vermuthlich weil auch ihre Aussprache noch singender und musikali­scher war, als die unsrige, und daher die Ein­tönigkeit, welche aus der Zusammenkunft vieler langen oder kurzen Silben entstand, ihr Ge­hör mehr beleidigte. Die schickliche, angeneh­me Verbindung langer und kurzer Silben machte daher auch einen Theil ihres rednerli­schen Numerus aus, auf welchen jeder gute Redner seine Sorgfalt mit wenden mußte, welche man zulezt schon nicht dem blossen Ge­

fühl

fühl überließ, sondern selbst durch Regeln zu bestimmen suchte. So weit ist man im Deutschen in dieser Sorgfalt nicht gegangen, sondern man überließ mehr alles dem dunkeln Gefühl und Geschmack eines jeden. In der Poesie hingegen, wo dieselbe Verbindung langer und kurzer Silben, welche dem Ohr angenehm ist, nach gewissen Gesezen wiederholt wird, hat das Deutsche eben so deutliche bestimmte Regeln, als der Römer und Grieche; nur mit einem wesentlichen Unterschied. Bei den Alten beruht die Länge und Kürze einer Silbe, theils auf der mehr oder weniger gedehnten Aussprache des Vokals derselben, theils auf die Anzal und Beschaffenheit der auf dem Vokal folgenden Consonanten. Wollten wir Deutschen nach diesen Gesezen die Länge und Kürze der Silben schäzen, so würde unsre an langen Silben ohnedas reiche Muttersprache von ihnen gar sehr überladen

seyn.

seyn. Denn bei uns ist die Zusammenkunft selbst harter Consonanten weit häufiger, als bei den Alten, und wir sprechen jede Silbe, welche sich mit einem Vokal schließt, gedehnt aus, welches bei den Alten der Fall nicht war. Daher richtet sich im Deutschen die Länge der Silbe blos nach dem Ton. Die Stammsilbe des Worts, welche, der Regel nach, den Ton hat, ist also immer lang; die tonlose immer kurz; und weil bei abgeleiteten, besonders längern Wörtern, noch einen Silbe einigermaßen einen Ton bekommt, so ist es der Willkühr des Dichters überlassen, ob er diese mit einem halben Ton versehene Silbe lang oder kurz gebrauchen will. Auch hieraus ergeben sich einige auffallende Unterschiede. Da im Deutschen wenigstens eine Silbe im Wort den Ton haben muß, (einige wenige kleine tonlose Wörter, wie die Artikel der und ein ausgenommen) so fehlt es keinem Deutschen mehr

Sil-

silbigen Wort an einer langen Silbe, und man
kann keine Wörter, wie poterit, ἔρεβος auf-
weisen, deren Silben insgesamt kurz seyn sollten. Ferner sind der Silben, welche nach
Willkühr kurz oder lang gebraucht werden können im Deutschen weit mehr, als in den alten
Sprachen, weil es so viele halbbetonte Silben
giebt. Dieß hat auf unser Silbenmaaß und
die verschiedenen in der Poesie brauchbaren Füsse
keinen geringen Einfluß. Weil nemlich der
kurzen Silben nicht viel mehr als der langen
sind und gewiß in jedem Wort eine lange Silbe vorkommt, so sind die Füsse, welche entweder aus lauter, oder größtentheils kurzen Silben bestehen, für unsre Dichter nicht sehr
brauchbar. Der Jambus und Trochäus, wo
immer eine lange und eine kurze Silbe mit
einander abwechseln, sind eigentlich deutsche
Füsse, und bei uns einheimisch und dem Bau
unsrer Sprache angemessen. Die Harmonie
dieser

dieser jambischen und trochäischen Gedichte empfindet auch jeder Deutsche, der nie den Homer und Horaz skandiren gelernt hat. Selbst der Dactylus, dessen Harmonie, wenn er richtig gebraucht wird, auch noch wol empfunden wird, ist offenbar aus den alten Sprachen entlehnt, hat, häufig gebraucht, für unser Ohr etwas zu hüpfendes, und ist der Einrichtung unsrer Sprache nicht ganz angemessen, weil es verhältnißmässig zu wenig Wörter mit einer langen und zwei darauf folgenden kurzen giebt, oder dieß Verhältniß nicht so leicht durch die Verbindung mehrerer Wörter hervorgebracht werden kann. Es fehlt freilich in neuern Zeiten nicht an Versuchen, auch die Mannigfaltigkeit des lateinischen und griechischen Versbaues ins Deutsche zu übertragen, und unter diesen gewiß fürtrefliche, welche wol kein Deutscher von Geschmack und Gefühl gern entbehren möchte. Aber ich getraue mir doch zu behaupten,

ten, daß es nicht der Versbau ist, der ihnen
Leser verschaft. Die erhabenen Gedanken,
der schöne Ausdruck, die fürtrefliche Darstel-
lung ist es, welche man an ihnen bewundert.
Ein deutscher Lehrer, welcher nichts vom griechischen und römischen Metro gehört hat, merkt
wol'an dergleichen Gedichten, einen in Prosa un-
gewönlichen Numerus, aber viel zu dunkel,
als daß er die Harmonie des ächt deutschen
Silbenmaaßes darin empfinden sollte. Ja, man
gebe selbst den Gelehrten ein deutsches im römischen Versmaaß verfaßtes Gedicht; er wird
es bei Lesung der ersten Sprache schwerlich erkennen, wenn man es ihm nicht oben hinmalt,
oder er es sich nicht nach wiederholtem Lesen
einiger Strophen selbst herauszieht. Diese Dunkelheit in Erkennung des Versmaaßes rührt größtentheils von der Menge der halbbekannten Silben her, welchen man es in dem gemischten
Silbenmaaß nicht gleich ansehen kann, ob der

Dichter

Dichter sie lang oder kurz gebrauchen wolle. — Kann man daher wol Versarten, deren Harmonie von deutschen Lesern nicht anders, als mit Hülfe gelehrter Kenntnisse empfunden wird, für ächt Deutsch und der deutschen Sprache angemessen halten? Daß die Alten durch die Mannigfaltigkeit im Versbau auf ihre Leser, mehr, als wir, wirken konnten, rührt von der grossen Menge der kurzen Silben und hauptsächlich daher, daß man mehrentheils sogleich klar die Länge und Kürze der Silben empfand und das Metrum nicht zweifelhaft war. Ich glaube daher, daß man bei allem, angestrengten, wiederholten Bemühen, die alten, fremden Versmaasse unserer Sprache anzupassen, nie ganz glücklich seyn wird, oder seyn kann; daß sie einem blosen Deutschen nie recht harmonisch klingen werden, obgleich es durch Kunst wol dahin gebracht werden kann, daß der Gelehrte, an die fremden Sil-

bens

benmaſſe gewöhnte, weniger Anſtoß daran fin=
det. Statt dieſer Mannigfaltigkeit im Vers=
bau hat man im Deutſchen wieder eine Art
der Harmonie, welche den Alten fehlte, der
Reim. Freilich hat man, ſeit der Einführung
der alten fremden Versmaaſſe, auch dieſen zu
verbannen geſucht. Aber dem ungeachtet iſt es
noch immer etwas eigenthümliches der Deut=
ſchen, (wie mehrerer andern europäiſchen Völ=
ker,) Gedichte, deſſen hier erwehnt werden
muſte, und manche geſchmackvolle deutſche
Dichter ſind ihm getreu geblieben. Und ge=
wiß giebt es wenige deutſche Leſer, welche
bei Leſung der Wielandiſchen gereimten Ge=
dichte auch nur den geringern Theil der An=
muth, welchen ſie dem Reim zu danken haben,
miſſen möchten. Aus den bis izt angeführten
weſentlichen Einrichtungen jeder Sprache, und
den beſondern ihr daher zukommenden Eigen=
ſchaften, läßt ſich auch auf eine der Erfahrung

ge=

gemäſſe Weiſe ſchlieſſen, für welche Gattungen der Schreibart und des Vortrages jede derſelben vorzüglich geſchickt ſeyn müſſe. Die Abſichten, welche der Redende oder Schreibende haben kann, ſind, entweder den Verſtand zu belehren oder Empfindungen zu erregen. In dem erſten Fall kann die Rede nie zu deutlich ſeyn, ſondern die Sprache, welche über den Gegenſtand, welchen ſie darſtellt, das mehreſte Licht verbreitet, ihn gerade ſo ſehen läßt, wie er iſt, iſt ohne Zweifel in dieſer Rückſicht die vollkommenſte. Da nun das Deutſche, ſeiner weſentlichen Einrichtung nach, hierin vor den beiden ältern Sprachen unleugbare Vorzüge hat, da es mit den Wörtern weder durch Ableitungsſilben noch durch Biegungslaute ſo häufige Nebenbegriffe verbindet, ſondern dieſe lieber durch eigene für ſie beſtimmte Ausdrücke bezeichnet, da die beſtimmte Wortfolge die Aufmerkſamkeit des Leſers nicht von der Sache

auf

auf die Worte lenkt, sondern ihm das Denken erleichtert, so ist sie gerade da am brauchbarsten, wo Dunkelheit am nachtheiligsten wäre, wo man auch den Verstand unmittelbar wirken will, es mag nun in gewöhnlichen Geschäften des gesellschaftlichen Lebens seyn, oder bei kalter Erzählung geschehener Begebenheiten oder beim ruhigen Unterricht von allgemeinen Wahrheiten. Sie ist also vorzüglich zum täglichen Gebrauch, für die Geschichte, für die Philosophie und für die Wissenschaften brauchbar, also gerade bei Dingen, welche für jeden Menschen die wichtigsten sind.

Wo es aber darauf ankömmt Empfindungen zu erregen, durch Witz zu belustigen oder überhaupt die untern Kräfte in Bewegung zu bringen, da haben die beiden ältern Sprachen vermöge ihrer wesentlichen Eigenschaften manche Vorzüge vor dem Deutschen. Zu diesem End-

Endzweck müſſen die Begriffe ſinnlich darge-
ſtellt und anſchaulich gemacht werden. Es
kömmt alſo auf die ſtarke Darſtellung der
Hauptbegriffe an, nicht darauf, daß man alle
Theile mit der möglichſten Klarheit erkenne.
Wollte man hier alle ſchwachen Nebenbegriffe,
welche der ruhige Verſtand deutlich ausgedrückt
verlangt, bezeichnen, ſo würde die Aufmerkſamkeit zu ſehr von den Hauptvorſtellungen,
welche auf die Einbildungskraft wirken ſollen,
abgezogen werden, und die Empfindung erkal-
ten. Man ſoll vieles mit einem Blick faſſen
und überſehen. Daher iſt die Kürze der
Sprache, im ganzen Umfang dieſes Worts beſonders dieſen Gattungen der Schreibart, der
Beredſamkeit und Dichtkunſt, angemeſſen.
Denn was thun die viele Biegungslaute, die
gehäuften Ableitungsſilben anders, als daß ſie
mit einem Wort mehrere Nebenbegriffe verbinden, wofür andre Sprachen eigne Ausdrücke
haben.

haben. Die Participialconstruction zieht mehrere Säze in einen und rückt durch Auslassung der unsinnlichen Conjunction die Gegenstände näher zusammen. Durch Ellipsen werden die unwesentlichern Bestimmungen verschwiegen und dem Leser nur die nöthigsten Hauptbegriffe dargestellt. Aber welche Sprachen zeichnen sich wol mehr durch dieß alles aus, welche haben häufigere Participialconstructionen, welche kühnere Ellipsen, als das Griechische und Lateinische? In der Sprache der Empfindung sezt man die Begriffe voran, welche den mehresten Eindruck machen. Das Dentsche ist hier durch die bestimmte Wortfolge oft gebunden. Der römische oder griechische Dichter und Redner läßt seinen Empfindungen freien Lauf, sie reissen die Sprache mit sich fort, und werden nicht von ihr zurückgehalten.

Da der Dichter und Redner auf die Empfindungen wirken will, so muß er alles vermeiden, was dem Emporkommen derselben hinderlich seyn, und alles anwenden was es befördern kann. Aller Uebelklang wird bei ihm doppelt tadelhaft, und der Wolklang hat hier sein eigentliches Feld. Aber wie kann wol das Deutsche je hoffen, bei Reden in dem Periodenbau und im Numerus, bei Gedichten im Rhythmus und in der Mannigfaltigkeit des Versbaues, mit den beiden ältern Sprachen zu wetteifern? Daß aber das Deutsche wirklich hierin vom Lateinischen und Griechischen übertroffen wird, und daß in dieser Kürze und in dem Wolklang der wirkliche Vorzug ihrer Beredsamkeit und Dichtkunst, so viel es auf Sprache dabei ankömmt, beruhe, beweiset das sichtbare Bestreben der deutschen Redner und Dichter, ihnen hierin so nahe, als möglich, zu kommen. Denn auch sie wählen lieber die

Bie-

Biegungslaute der Declination, als Präpositionen, lieber abgeleitete und zusammengesezte
Wörter, |als Umschreibungen durch einzelne
Ausdrücke. Nirgend bedient man sich auch
im Deutschen der Participialconstructionen so
häufig und frei, als in Reden und Gedichten,
nirgends erlaubt man sich so kühne Ellipsen,
nirgends so dreiste Wortversezungen, als hier.
Und sind gleich unsre gewöhnlichen Schriftsteller um den Wolklang unbekümmert, so sucht
doch jeder deutsche Redner einen gewissen Numerus, jeder gute Dichter den unsrer Sprache
möglichen Rhythmus zu erreichen. Der Unterschied ist nur, daß im Griechischen und Lateinischen Kürze und Wolklang immer gewöhnlich
ist, und daher der Dichter und Redner nach einem
noch höhern Grad der Kürze, der Lebhaftigkeit,
und des Wolklanges streben muß, als die ruhige Schreibart erfordert. — Kömmt nun
gleich das Deutsche den beiden ältern Sprachen

chen hierin keinesweges bei, so erhellet doch aus dem bisherigen, warum unsre Sprache noch immer geschickter zur Beredsamkeit und Dichtkunst ist, als viele ihrer europäischen Schwestern, welche gar keine Biegungen der Nominum kennen, ärmer an Ableitungen sind, und an Zusammensezungen fast gänzlichen Mangel haben, deren Wortfolge dabei noch eingeschränkter und fester bestimmt ist. Eben weil sie das Mittel zwischen den eingeschränktern neuern und den freiern alten Sprachen hält, hat sie in dem ruhigen Stil mehr Klarheit, als diese und in dem höhern mehr Lebhaftigkeit, als jene, ist eben so geschickt zur Prose, als zur Poesie. Ja in einiger Rücksicht hat sie wegen ihres Reichthums an zusammengesezten Wörtern auch in der Dichtkunst noch Vorzüge selbst vor dem Lateinischen.

Ich glaube also die Frage, ob die deutſche Sprache Vorzüge vor der Lateinſchen und Griechiſchen habe, allerdings bejahen zu dürfen; und welche dieſe ſind, ergiebt ſich auch aus dem Vorigen. Ihr erſter Vorzug iſt Originalität. Denn, da ſie nie ganz mit fremden Sprachen vermiſcht geweſen iſt, und immer nur widerſtrebend fremde einzelne Ausdrücke aufgenommen hat, ſo hat ſie viel Eigenthümliches und einen eignen Charakter, ſowol im Bau der Wörter als in den Wendungen, behalten. Dieß zeigt ſich im Ton, der in den deutſchen Wörtern auf der Wurzelſilbe, als dem Hauptheile des Worts, ruhet, wodurch die Sprache einen eignen Nachdruck erhält, und zugleich der Bau der Wörter mehr aufgedeckt als im Griechiſchen und Lateiniſchen, wo er durch das beſtändige Einſchieben von Vokalen und Conſonanten ſehr verdunkelt iſt. Es zeigt ſich in der ſichtbaren

Nach-

Nachahmung der natürlichen Schälle, welche sich bei weitem nicht mehr so in den beiden ältern Sprachen zu erkennen giebt. Es zeigt sich in der Bildung der Wörter durch Vorsilben, welche weder das Lateinische noch Griechische kennt. — Kein Reich von irgend einigem Umfang ist in allen Gegenden gleich angebaut, gleich fruchtbar, gleich volkreich oder bringt alle möglichen Producte in gleichem Ueberfluß hervor. So auch mit den Sprachen. Jede derselben hat in ihrem weitläuftigen Gebiet nicht gleichen Reichthum an jeder Gattung von Wörtern. Das Deutsche zeichnet sich vor den ältern Sprachen durch Fruchtbarkeit an abgeleiteten Adjectivis aus, besonders mit den Endungen sam, ig, bar, lich, haft, isch, welche wieder den Stoff zu Substantivis geben und dabei zum Theil Begriffe bezeichnen, welche jene Sprachen nicht auszudrücken ver-

mö-

mögen. An der Fähigkeit Substantiva, besonders Abstracta, zu bilden übertrift sie sie auch. Für die Collectiva, wofür in den alten Sprachen eine eigne Form fehlt, hat sie sogar mehrere eigne Endungen, ei, icht, schaft, thun, und die Vorsilbe Ge. Und überdas bedient sie sich aller Redetheile statt des Substantivs mehr, als eine der ältern Sprachen. — Erreicht sie gleich in dem Reichthum an zusammengesezten Wörtern das Griechische im Ganzen nicht völlig, so übertrift sie es doch in einer sehr brauchbaren Gattung derselben, in den mit Verbis zusammengesezten Substantivis und hat in der Art der Zusammensezung etwas sehr Vorzügliches, nemlich Deutlichkeit und Bestimmtheit. Eben diese wird in der zusammenhängenden Rede besonders durch den genauen Gebrauch des Artikels, und in zusammengesezten Perioden durch die Partikel so befördert,

wel-

welche Vor- und Nachsaz von einander scheiden. Ueberhaupt aber ist der ganze Bau ihrer Wörter und die Geseze, nach welchen sie zur zusammenhängenden Rede mit einander verbunden werden, vortheilhafter als in den ältern Sprachen, um über die Gegenstände Licht und Klarheit zu verbreiten. Denn sie verbindet nicht so viel Nebengriffe mit den Wörtern durch Ableitungssilben, zieht die Säze nicht so zusammen, und drängt deren viele nicht in eine Periode, bedient sich, statt der blosen dunklern Biegungslaute, mehr der Präpositionen, Pronominum und Hülfswörter, unterscheidet sorgfältig das Eigenschafts- vom Beschaffenheitswort; umschreibt mehr die Particivia, vermeidet die häufigen Ellipsen, und erleichtert durch die bestimmte Wortfolge die Aufmerksamkeit des Zuhörers.

Diese

Diese Vorzüge besizt es vor beiden alten Sprachen; aber manche derselben vor dem Lateinischen in einem vorzüglich hohen Grade. Das Griechische war freilich bei seinem Ursprung sehr gemischt, aber bildete sich durch sich ielbst zu einer schönen Sprache aus, deren Biegsamkeit, Reichthum und Wolklang sowol in ältern als in neuern Zeiten für unerreichbar gehalten ist. Aber das Lateinische war nicht nur anfangs gemischt, sondern empfieng auch seine nachherige Cultur aus dem Griechischen, und blieb in einer beständigen Abhängigkeit von demselben. Nichts war schön, was nicht griechischartig war. Daher gebührt unsrer Sprache, welche keine Sklavinn irgend einer andern ist, vor dem Lateinischen besonders das Lob der Originalität.

An zusammengesezten Wörtern, in welchen das Deutsche und Griechische mit einander wetteifern, ist das Lateinische arm; und dieß sezt es weit hinter unsre Muttersprache zurück. — Aber was hat denn Zusammensezung und die Stärke einer Sprache in derselben für besondre Vortheile? könnte man denken. Ist es nicht einerlei, ob ich dasselbe mit zwei oder mehrern Wörtern ausdrücke, was eine andre mit einem Ausdruck sagt? Nicht einerlei, ob der Grieche nun $\xi\iota\varphi οκτονέω$ und der Deutsche: ich tödte mit dem Schwerd, $πολεμοποιέω$, oder ich führe Krieg, ob der Deutsche nun Zahnschmerz oder der Römer dolor dentium sagt? Ist denn die Ersparung einiger Silben oder Buchstaben so etwas Grosses? — Das freilich nicht, ob es gleich immer Etwas und etwas nicht zu verachtendes wäre, wenn es häufig geschieht. Denn ein Haufen kleiner Münze macht am

Ende

Ende doch eine beträchtliche Summe. Aber dieß ist gerade der kleinste Vortheil der Zusammensezung; sie hat weit grössere. Durch sie bekömmt der Verstand eine Totalvorstellung des Dinges, welches sie bezeichnet, da hingegen bei Umschreibungen dasselbe Ganze in mehrere Theile zerlegt wird. Sie dient besonders um ganz specielle Modificacionen und kleine Schattirungen kurz und deutlich auszudrücken. Wie schön bezeichnen wir nicht z. B. die sinnlichen Empfindungen von süßbitter, dunkelbraun, grüngelb, oder der Grieche durch ὀξύγλυκύς, γλυκυπικρός? Und hätte auch eine andre Sprache dafür ein Stammwort oder abgeleitetes, so gienge doch das Darstellende, Malerische, und der Vortheil, bei neuen Modificationen auch neue bezeichnende Namen bilden zu können, verlohren. Dieß ist es, welches sie dem Dichter so schäzbar macht; die vielen ma-

lerischen Epitheta in der griechischen Dichtkunst sind es, welche die erhabenen Werke derselben jeder andern Sprache unerreichbar machen. Es muß unendlich viel schwerer gewesen seyn, im Lateinischen als im Griechischen zu
dichten, und bei aller Anstrengung würden die
römischen Dichter den guten Griechischen nie
gleich gekommen seyn. Denn sie konnten doch
den Geist ihrer Sprache nicht umschaffen. Auch
dem Philosophen ist die Fähigkeit einer Sprache
zur Zusammensetzung willkommen, weil er sich
ihrer bequem bedienen kann, um für neue Ideen
sich neue Wörter zu schaffen, deren Bedeutung
ein jeder, dem die einfachen Wörter bekannt
sind, leicht fassen kann. Diese Fähigkeit zur
Bildung ausdrückender Kunstwörter macht sie
auch besonders zum wissenschaftlichen Vortrag
geschickt. Wie schwer ist es nicht ein gutes
Kunstwort zu bilden? Es muß den richtigen

Begriff

Begriff der Sache erschöpfen, und leicht verständlich seyn, ohne den Sprachgebrauch und Wohllaut zu beleidigen. Wie will das eine Sprache, welche blos durch Ableitung Wörter bilden kann, immer möglich machen? Dieß zeigt sich auch besonders sichtbar in der Verlegenheit, in welcher man sich beim Gebrauch des Lateinischen beim wissenschaftlichen Vortrag befindet, da das Schicksal es einmal gewollt hat, daß es die Sprache der Gelehrten werden sollte. Wie barbarisch klingen nicht so viele neugemachte philosophische Ausdrücke und Kunstwörter, und wie oft hat man nicht, wenn diese nicht zureichten, doch noch seine Zuflucht zum biegsamern Griechischen nehmen müssen? Mit Recht haben es daher einsichtsvolle Männer oft bedauert, daß das Griechische nicht die Sprache der Gelehrten geworden ist. Man hätte sich nicht blos ihres Reichthums von schon gebildeten, abgeleiteten sowol als zusammengesezten, Wörtern bedienen können, sondern auch in der Zusammensezung eine unversiegende Quelle neuer Wörter gefunden, wie man sich denn wirklich ihrer noch bis izt glücklich in den Wissenschaften zu Kunstausdrücken bedient, und wie sie denn auch im Lateinischen am Ende aushelfen muß. Diesen Vorzug hat also auch das Deutsche; und er ist besonders in die Augen fallend bei Wissenschaften und Künsten, welche nicht von Deutschen zuerst bearbeitet oder erfunden worden. In diesem Fall hilft sich auch die ärmste unbiegsamste Sprache, weil sie doch einmal die nothwendigsten Dinge ausdrücken muß, so gut sie kann. Bekömmt sie aber Erfindungen und Wissenschaften von einem fremden Volk, so nimmt sie die fremden Kunstausdrücke viel williger an, als eine Sprache, welche sich eben so glücklich und ausdrückend neue Wörter schaffen kann. Um nur einige Beispiele zu geben;

wie

wie glücklich drückt unser Deutsches nicht die meh:sten griechischen Namen der Kräuter aus, welche von ihren Eigenschaften hergenommen sind und welche das Lateinische und andre Sprachen unverändert behalten; Leontodon, Löwenzahn, Tragopogon Bocksbart, Cynoglossum Hundszunge, Chryfanthemum Goldblum, Geranium Storchschnabel. Auch Gegenstände, welche ihr ganz neu sind, kann sie mit charakteristischen Namen belegen. Wer weiß, ob die nordamerikanischen Schlangen in ihrer Muttersprache so bezeichnend genannt werden, als wir die Klapperschlange, Wasserschlange, Zischschlange, Dornenschwanzschlange, Fleckenschlange, Halsbandschlange, nennen? Dieß ist für die Naturgeschichte und für alle Wissenschaften, in welchen dieß statt findet, keinesweges gleichgültig. Denn dieß erleichtert sie ungemein und macht sie jedem verständlich. Man darf nur eine solche Pflanze, ein solches Thier gezeigt

zeigt und den Namen genannt haben, so wird er auch dem gemeinsten Kopf unvergeßlich bleiben. Der fremde Name einer Blume hingegen oder irgend eines andern Gegenstandes, so malerisch er auch seyn mag, ist um nichts besser, als ein willkührliches Zeichen oder irgend ein willkührlicher Schall für den grossen Haufen, den er sich erst mit Mühe einprägen muß; oder um ihn zu verstehen oder leicht zu behalten, muß er erst der fremden Sprache mächtig seyn, aus der er entlehnt ist. Ja oft kann eine solche biegsame Sprache selbst bei neuen Erfindungen fremder Völker, ihnen einen deutlichern kürzern Namen geben, als dieß Volk selbst, weil seiner Sprache diese Eigenschaft fehlte. Wenn die Franzosen z. B. bei der Erfindung der äroſtatiſchen Maſchinen, vom ballons aeroſtatiques, navigateurs aeriens und dergl. sprechen, wie viel dem gemeinen Mann verständlicher sagen wir dann

nicht

nicht Luftball, Luftschiffer? Da können wir stolz mit Kästner sagen, dem ein das Deutsche verachtender Franzose hippocrêne nicht anders als hippocrène zu nennen wuste:

Der Gallier behält die griech'schen Töne;

— — — wir Deutsche können Roßbach sagen. Ueberdas fehlt dem Lateinischen noch der Artikel, welcher zur Bestimmtheit und Deutlichkeit in einer Sprache fast unentbehrlich scheint. Dieß sind wichtige Mängel, welche unsre Muttersprache nicht hat, und deren Abwesenheit sie vor dem Lateinischen um desto vorzüglicher macht, je weniger die Vorzüge desselben mit den vortreflichen Eigenschaften des Griechischen in Vergleichung kommen.

Auf der andern Seite haben auch die beiden alten Sprachen ihre grossen Vorzüge vor dem Deutschen: Sie haben in einigen Theilen des Gebietes der menschlichen Sprache mehr Reichthum, als sie. Sie haben Vergrösserungswör-

ter,

ter, Patronymica und manche Zaladjectiva; welche dem Deutschen fehlen, und unterscheiden besser das Umstandswort vom Beschaffenheitswort. Besonders zeichnen sie sich, und hauptsächlich das Griechische, durch bestimmtere Bedeutungen der Ableitungssilben aus, welches bei den Verbis am sichtbarsten ist, in welchen sie das Deutsche sowol an Anzal als in der Art der Bildung weit übertreffen. Diese grössere Biegsamkeit zeigt sich auch bei der Declination und Conjugation. Jene ist vollständiger, einfacher, regelmäsiger und leichter, als im Deutschen; diese ist vollkommner, weil sie mehr Voces, Modos und Tempora nicht, wie im Deutschen, umschreiben, sondern durch Biegungslaute bezeichnen; auch von diesen mehr Substantiva und Adjectiva herleiten. An unregelmäsigen Verbis haben sie bei weitem nicht den unangenehmen deutschen Ueberfluß. —

Kürze

Kürze ist ein Hauptcharakter derselben. Dieser entsteht aus ihrer wesentlichen Einrichtung, viele Nebenbegriffe mit den Wörtern durch Ableitung und Biegung zu verbinden, aus der Menge und den freien Gebrauch der Participien, aus der Zusammenziehung der Säze und aus den häufigen Ellipsen. — Obgleich das Deutsche im Ganzen die Deutlichkeit befördert, so sind doch die alten Sprachen oft bestimmter besonders wegen der mancherlei Partikeln, welche nicht so vieldeutig, als im Deutschen sind, und wegen der vollkommenern Declination der Pronominum, deren Unvollständigkeit im Deutschen so oft Zweideutigkeit veranlasset. — Auch der Wolklang dieser Sprachen ist grösser, wegen der zalreichern Menge helltönender Vokale, und der grössern Abwechselung mit denselben. Ihre Rede ist sanfter, weil sie manche harte deutsche Consonanten, kein Z und

Sch

Sch kennen, ihre härtern Buchstaben mäſſiger gebrauchen, ſie auf eine angenehmere Weiſe verbinden und ſie ebenmäſſiger mit Vokalen wechſeln laſſen. Auch die Mannigfaltigkeit in Verbindung langer Silben mit kurzen und der daraus entſtehende prächtige Numerus und Rhythmus geben ihren Reden und Gedichten eine vorzügliche Anmuth.

Dieſe den beiden ältern Sprachen im Ganzen gemeinſchaftlichen Vorzüge, beſizen dennoch beide nicht in demſelben Grad. Faſt immer bleibt das Lateiniſche etwas hinter dem Griechiſchen zurück, und manche Vorzüge ſind dem leztern beſonders eigen. Dahin gehört der Reichthum ſehr beſtimmter Ableitungsſilben, oft mehrerer für denſelben Begriff; Reichthum an verbaliſchen Subſtantivis, und Kühnheit in adverbialiſchen Adjectivis; die groſſe Freiheit Kühnheit und dabei Reichthum an zuſammengeſezten Wörtern, beſonders in Adjectivis und

Ver-

Verbis; die Menge von bedeutenden Ableitungsſilben für die Adverbia; die Geſchicklichkeit in der Ableitung faſt immer an einen Vokal oder einen einzigen Conſonanten den zu bezeichnenden Nebenbegriff zu knüpfen, die Feinheit welche die Rede durch die vielen Abrundungspartikeln und durch den Gebrauch des Optativi erhält. Eben ſo geben die ſanften Buchſtaben und angenehmen Verbindungen der Conſonanten (z. B. ζ, $\sigma\beta$, $\sigma\mu$) die natürliche Verknüpfung andrer nach feſten und gewiſſen Grundſäzen, ſo wie ſie für die Organe der menſchlichen Sprachen am leichteſten waren, die vielen Naſenlauter, die ſorgfältige Vermeidung harter und wiederholter pfeifender Töne, die mannigfaltigen Mittel, Vokale und Conſonanten in einer verhältnismäſſigen Miſchung mit einander wechſeln zu laſſen, der Sprache einen Wolklang, welchen auch die Römer bewunderten und nicht erreichen zu können glaubten.

Zu

Zu diesen Behauptungen, hoffe ich, werden die im Vorigen angeführten Belege hinlänglich seyn, ob ich gleich bei der Reichhaltigkeit der Materie manches mehr nur habe andeuten, als ausführen können. Und doch kann ich nicht umhin, wenn ich auf das Ganze zurück blicke, mir den Vorwurf zu machen, daß ich bisweilen mehr den Gegenstand der Abhandlung selbst vor Augen gehabt habe, als die erleuchteten Kenner, welchen dieser Auffaz zur gütigen Beurtheilung vorgelegt werden soll.

Ende des vierten Bands.

Heilbronn,
gedruckt mit Allingerschen Schriften.

www.ingramcontent.com/pod-product-compliance
Lightning Source LLC
Chambersburg PA
CBHW050849300426
44111CB00010B/1196